幼稚園、保育所、認定こども園対応

事例で学ぶ

「要録」の書き方ガイド

神長美津子・阿部和子・大方美香・山下文一 著

中央法規

はじめに

　要録を作成するということは、自身の指導の過程を振り返りながら、子ども一人ひとりの発達の理解に基づいた評価をおこない、指導の改善に生かすようにすることです。「幼児期の終わりまでに育ってほしい姿」を活用して子どもに育まれている資質・能力をとらえ、指導の過程と育ちつつある姿をわかりやすく記入することで、小学校等にその内容を適切に引き継ぎ、児童の指導に生かされることを目的としています。

　本書は、2017（平成29）年に告示された幼稚園教育要領、保育所保育指針、幼保連携型認定こども園教育・保育要領に基づいて、「要録」の意味や教育・保育の実践と「要録」の位置づけについて著した『子どもの育ちが見える「要録」作成のポイント』（中央法規出版、2018年）の続編となるものです。

　本書では、「要録」をどのように書けばよいのか、その手順を具体的に示しています。単なる例文や用語例ではありません。「要録」作成の目的に従い、「幼児期の終わりまでに育ってほしい姿」をふまえて、指導の過程と育ちつつある姿を小学校等にわかりやすく記入するための手順を、どの園でもみられる子どもの姿を想定して作成した「要録」をもとに、書き方のポイントを紹介します。

　本書が、より質の高い保育実践と小学校等との円滑な接続に寄与することができれば幸いです。

山下文一

contents

第**2**章 「10の姿」を意識した書き方
― 5領域でとらえた育ちを「10の姿」で表す

第**3**章 子どもの育ちが読み手に伝わる要録のポイント

第4章　要録を活用した小学校との連携

本書に掲載されている事例は、どの園でもみられる
子どもの姿を想定して要録を作成しています。

序章

読み手に伝わる要録とは

子ども一人ひとりのよさを見つめ、育ちをとらえ、
次年度につないでいく要録。保育の集大成ともいえる
要録の意味と役割について解説します。

子どもの育ちを
とらえてつなぐ要録

 **① 子ども一人ひとりのよさを生かす保育**

　保育は、子ども一人ひとりについて、その子どものもっているよさや可能性を拓^{ひら}いていく営みです。このため、保育者には、子ども一人ひとりへの理解を深めつつ、まさにその子のなかで今、発達しようとしていることに働きかけながら、乳幼児期にふさわしい生活を通して発達に必要な体験が得られるようにしていくことが求められています。

　その際、幼稚園や保育所、認定こども園においては、就学前の教育・保育として5領域（健康・人間関係・環境・表現・言葉）にわたる様々な経験をバランスよく積み重ねていくことが必要です。しかし、それらは必ずしも一斉の活動ではありません。むしろ、その子どもなりのペースやその子どもらしさに寄り添って必要な経験が得られるような状況をつくりながら、その子どもの発達にとって意味をもつ体験としていくことが大切です。

　つまり、**保育者に求められているのは、子ども一人ひとりのもつよさや可能性を生かして保育し、乳幼児期にふさわしい発達を保障していくことなのです。**

　一人ひとりに応じる指導とは、単に「保育者と子どもの一対一の対応」ではなく、大勢の子どもたちと一緒に活動していたとしても、「**一人ひとりの心の動きを感じて応じていくこと**」を意味しています。

　ここに、一人ひとりに応じる保育の一端を紹介します。

　3歳児クラスの子どもたちと保育者で鬼ごっこを楽しんでいました。ルールは、保育者が鬼になって子どもたちをつかまえるというシンプルなものでした。保育者から子どもたちが逃げることから始まった遊びです。

　保育者に追いかけられる子、いつの間にか鬼である保育者を追いかける子、鬼になって保育者と一緒に走る子、保育者につかまることを待っている子がいます。

鬼の動きを察知して身をかわしながら、追う・追われるというスリルを味わっている子がいる一方で、保育者と触れ合うことそのものを楽しんでいる子もいました。保育者は、それぞれの楽しみ方を受け入れて、追ったり追われたりしていました。

Ｉは少し離れたところで、保育者の動きを目で追いながら立ちすくんでいました。保育者は、じっと固まっているＩの姿に気づき、Ｉのところに駆け寄って「つかまえた！」と抱き上げ、鬼の家に連れてきました。

保育者がほかの子を追いかけ始めると、Ｉはニコニコとして最初に立っていた場所に戻り、また保育者と子どもたちの動きを目で追っていました。保育者は再び「つかまえた！」と言いながら、Ｉのところに駆け寄りました。

こうした「保育者との鬼ごっこ」を２回くり返すと、Ｉは一人でブラブラと園庭の探索を始めました。花壇でダンゴムシを見つけると、シャベルとコップを持ってきて、ダンゴムシ探しを始めました。

Ｉは、大勢の子どもたちと一緒にワイワイしながら遊ぶことが苦手です。保育室では、よく一人でブロック遊びをしています。最近、ようやくまわりの様子を見るようになってきましたが、自分から進んでその仲間に入っていくわけではありません。

今日は鬼ごっこを見ていたので、遊び出すきっかけをつくるチャンスと思い、「つかまえた！」と、思わず抱き上げました。その後の様子から、身体の緊張がほぐれたかなと思いました。

前頁の場面から読み取れる、Ⅰのなかで変化しつつあることは、主に以下の２点です。

- 保育者やほかの子どもたちがやっていることへの関心が芽生えている。
- 大勢の子どもたちが活動しているなかで、自分の好きなことを見つけて動き出そうとしている。

　保育者は、Ⅰのなかに育ちつつある姿への働きかけとして、「つかまえた！」と言って抱き上げるという援助をしたのです。

　一人ひとりに応じる保育とは、まさに、こういうことです。その子どもの育ちつつあることをとらえ、そこに働きかけることです。
　それは、子ども理解およびそれに基づく発達の理解が前提となります。

 子どもの育ちをとらえるために

　子どもの育ちをとらえるためには、**継続した観察と記録、その省察を重ねて子どもを理解**していくことが大切です。
　その際、ほかの保育者と話し合うなどして多面的に見ていくことも必要となります。また、子ども理解に基づいた発達の理解をもって保育に臨み、子どもと触れ合うことで、さらに理解を深めていくことも求められます。
　ただし、子ども理解に正解はありません。保育のなかで「子どもを理解する」ということは、数値化して客観化するものでも、子どもの行動を分析して根拠を明らかにしていくものでもありません。その子どもと触れ合うなかで、はじめは「○○ではないか」と仮説的にとらえ、継続して観ていくなかで、しだいに理解が深まっていくものです。
　この意味では、主観的な見方といえるのかもしれません。そこで、保育者には、保育記録を通しての省察やほかの保育者との話し合い等を重ね、より客観化していく努力が求められます。

　子どもの育ちをとらえるためにもう一つ大切なことは、その育ちを生み出してきた保育者のかかわりを振り返ることです。
　子どもの姿には、保育者のかかわりが映し出されています。すなわち、保育（指導）の過程を振り返ることで、その子どものなかで育ちつつあるものをとらえてい

くのです。

　先に紹介したＩの場合、保育者はＩの育ちについて、「これまで自分の世界で遊んできたＩが、少しずつその外の世界で起こっていることに目を向け始め、保育者やほかの子どもたちの動きを目で追うようになってきた。ただし、保育者やほかの子どもたちの遊びのなかに入っていくことには、まだ緊張感もあるようだ」と、とらえています。

　そして、保育者のかかわりとして、「Ｉなりのペースを大事にして、より広い世界を楽しむようにしていきたい」と考えています。

　保育者による、このような育ちのとらえや育ちへの働きかけが、今のＩの姿となっているのです。

3　要録を通して育ちをつなぐ

　「育ちをつなぐ」とは、単に「育ちを伝える」のではありません。「どのような保育（指導）の過程があって、この育ちになっているか」など、育ちの背景としてある指導もあわせて伝えることが「育ちをつなぐ」ことになります。

　「要録を通して育ちをつなぐ」ということは、子どものなかに育ちつつあるものとその背景にある保育（指導）の過程について、要録を介して、次の指導者に伝えていくことです。

　その際、2つの課題があります。

● 育ちつつあるものと保育（指導）の過程の関係がわかること。

● 次の指導者に伝わる書き方にすること。

　とくに、カリキュラムや指導の考え方が異なる小学校の教員と「要録を通して育ちをつなぐ」ためには工夫が必要なのです。

要録の役割

　幼稚園・保育所・幼保連携認定こども園の要録には、それぞれに法的根拠があり、要録の様式の形式は異なっています。

　幼稚園は「幼稚園幼児指導要録」、保育所は「保育所児童保育要録」、幼保連携型認定こども園は「幼保連携型認定こども園園児指導要録」を作成します。

※詳しくは、『子どもの育ちが見える「要録」作成のポイント』中央法規（2018）を参照ください。

　これらの要録は、どのような役割や機能をもっているのでしょうか。

① 次の段階でよりよい指導を受けるための資料

　幼稚園幼児指導要録は「学籍に関する記録」と「指導に関する記録」、幼保連携型認定こども園園児指導要録は「学籍等に関する記録」と「指導等に関する記録」とに分かれていて、在籍を外部に証明する記録と、子どもが次の段階でよりよい指導を受けるための資料が記載されます。「指導に関する記録」「指導等に関する記録」は、毎学年の年度終了時に1年間を振り返って作成し、次の指導者に送ります。

　保育所児童保育要録は「入所に関する記録」と「保育に関する記録」に分かれています。保育所児童保育要録は、小学校との連携を目的として、小学校に進学する際に作成し送付します。

　幼稚園の「指導に関する記録」と、幼保連携型認定こども園の「指導等に関する記録」、保育所の「保育に関する記録」（以下「指導に関する記録等」と表記）は、いずれも1年間の保育（指導）の過程及びその結果を要約し記録するもので、その子どもについての指導の継続性を図り、その子どもの育ちをつないでいくために作成します。次の段階でよりよい指導を受けるための資料となります。

　これらは、その子どもの次に担任する指導者が、新しい環境のなかでその子どもについての指導を考える手がかりを得ることを目的としています。

　そのため、要録の作成に当たっては、何をどう書き記すことで次の指導者がその子どもについての適切な指導を具体的にイメージできるのかを考え、次の指導者へのメッセージとして書き記します。

② 保育（指導）の足跡を明らかにし、改善に向けての評価のための資料

　改善に向けての評価の資料とするためには、担任した1年間を振り返り、年度当初の子どもの姿から1年間を追いながら変容する姿を確認し、その転機になっていることや自分の保育と子どもの姿との関係に気づいていくことが大切です。

　ここに、事例を紹介します。

> 　5歳児クラスのYは、進級当初、気の合う友だちとよく「妖精ごっこ」を楽しんでいました。しかし、「こんなふうに遊びたい」と思っていても、自分から積極的に提案して行動する姿はみられませんでした。
>
> 　そこで保育者は、もっと自分を主張できるようになったほうがよいと考え、自分の思いや考えを主張する機会をつくってきました。しかし、変化はありませんでした。
>
> 　9月になり、友だち関係が広がって、いろいろな友だちと一緒に遊ぶようになりました。それとともに、得意なリズム遊びでは、自分から踊って遊びをリードする姿がみられるようになりました。
>
> 　12月の生活発表会の劇では妖精の役を希望し、その衣装について積極的に提案する姿がみられるようになりました。

　この事例におけるYの年度当初と現在の姿を比較してみると、次のような変容がみられました。

当初 → 9月12日

次はこうして…

- 自分で活動を選択し、自信をもって行動するようになってきている。
- いろいろな友だちと協同して遊ぶことを楽しむようになってきている。
- 得意分野ならば、友だちと言葉で伝え合いながら遊びを進めるようになってきている。

序章

読み手に伝わる要録とは

こうしたＹの変容の姿の背景にある保育について振り返ってみます。

- 気の合う友だちのなかで、好きな遊びをくり返し楽しんできた。
- 気の合う友だちとだけではなく、いろいろな友だちと遊ぶ機会が増えてきた。
- 人間関係が広がってくると、結果的に、自分が得意なことに自信をもって行動する姿を見せるようになってきた。
- 園行事に向かう活動場面では、友だちと目的をもって協同して行動することを意識するようになってきた。
- 保育者はいつも、Ｙが自分の思いを語れる場をつくっていきたいと思っていたが、Ｙはなかなかそれに応じなかった。

こうして１年間の保育の足跡をたどることにより、保育者自身が自分の保育を客観視して、Ｙの場合、人間関係が広がることが一つの転機となっていることに、あらためて気づきました。

③ 小学校生活への橋渡しの資料

幼児教育は、遊びを通しての総合的な指導が中心です。一方、小学校教育は時間割に基づいた生活であり、教科等の学習を中心として、主に教科書を使って学習していきます。

幼児教育は「興味や関心に沿った学び」ですが、小学校教育になると「興味や関心を生かした学び」さらには「自覚的な学び」へと、その学習スタイルが大きく変わってきます。ここに段差が生まれます。

子ども一人ひとりがその段差を乗り越えて成長していくことを願っていますが、実際には、なかなか新しい環境になじめずに、小学校生活が負担になっている子どもも少なくありません。いかにして幼児教育と小学校教育との間にある段差を乗り越えていくかは、幼保小連携における長年の課題でした。

そこで、今回の要領・指針の改訂（定）では、幼児教育のなかで芽生えてきた資質・能力をどのようにして小学校教育につなげていくかを課題としてあげながら、小学校教育との円滑な接続を目指し、「幼児期の終わりまでに育ってほしい姿」が示されました。それに伴い、５歳児の要録の作成に当たっては、「幼児期の終わりまでに育ってほしい姿」を活用して子どもの育ちと保育（指導）の過程を簡潔にまとめることになりました。

つまり、要録には、小学校生活を安心してスタートできるように、小学校生活への橋渡しの役割を果たすことが期待されているのです。

新要領・指針で 要録の何が変わったのか

 **子ども理解に基づく評価のあり方を再確認**

幼稚園教育要領では、幼児教育における評価は「幼児理解に基づく」ものだとしています。

幼稚園教育要領
第1章　総則　第4　指導計画の作成と幼児理解に基づいた評価
4　幼児理解に基づいた評価の実施
　幼児一人一人の発達の理解に基づいた評価の実施に当たっては，次の事項に配慮するものとする。
（1）指導の過程を振り返りながら幼児の理解を進め，幼児一人一人のよさや可能性などを把握し，指導の改善に生かすようにすること。その際，他の幼児との比較や一定の基準に対する達成度についての評定によって捉えるものではないことに留意すること。
（2）評価の妥当性や信頼性が高められるよう創意工夫を行い，組織的かつ計画的な取組を推進するとともに，次年度又は小学校等にその内容が適切に引き継がれるようにすること。

これまでの幼児教育においても「幼児（子ども）理解に基づく評価」は実施されてきました。しかし、こうした評価のあり方は、保護者や、小学校などほかの学校種の教員にはあまり理解されませんでした。「幼児教育には評価がない」と受け止められてもいました。教育における評価は「評定」だととらえられてきたからです。

今回の学習指導要領等の改訂では、幼児教育から高等学校教育までの学校教育全体で子どもたちに育みたい資質・能力の3つの柱が示されました。資質・能力の評価にあたっては、ねらいをどこまで達成したかだけではなく、一人ひとりが前の学びの姿からどのように成長してきているかをとらえる必要があるとしています。

例えば、資質・能力の3つの柱の一つである「学びに向かう力、人間性等」は、自己の感情や行動を統制する力やよりよい生活や人間関係を自主的に形成する態度を育み、自分の人生を切り開いていく力を涵養（かんよう）する視点からまとめられています。これを評価するのに、これまで小学校や中学校の評価で取り上げてきた観点別評価

はなじみません。その子どものよさや可能性、進捗の状況について、個人内評価を通して評価していくことになります。まさに、幼児教育における「幼児理解に基づく評価」と同じです。

「幼児教育には評価がない」のではなく、幼児教育における「幼児（子ども）理解に基づく評価」のあり方が、学校教育全体の評価の一つとして位置づけられたのです。小学校教育からは、さらに目標に準拠した評価として観点別評価が加わっていくということです。

幼児教育における評価として再確認したいことは、以下の視点です。

- 保育（指導）の過程を振り返りながら子ども理解を進め、子ども一人ひとりのよさや可能性などを把握すること。
- 評価を指導の改善に生かすようにすること。
- ほかの子どもとの比較や一定の基準に対する達成度についての評定ではないこと。
- 評価の妥当性や信頼性が高められるように創意工夫を行い、組織的かつ計画的な取り組みを推進すること。

② 「幼児期の終わりまでに育ってほしい姿」を活用する

今回の改訂（定）で、5歳児の「指導上参考となる事項」（保育所児童保育要録は「保育の展開と子どもの育ち」）の記入にあたり、次年度の指導者である小学校の教員に子どもの育ちを伝えるために「幼児期の終わりまでに育ってほしい姿」を活用することになりました。

> 最終学年の記入に当たっては、特に小学校等における児童の指導に生かされるよう、幼稚園教育要領 第1章 総則に示された「幼児期の終わりまでに育ってほしい姿」を活用して幼児に育まれている資質・能力を捉え、指導の過程と育ちつつある姿を分かりやすく記入することに留意すること。
>
> 出典：「幼稚園及び特別支援学校幼稚部における指導要録の改善について（通知）」

「指導上参考となる事項」の記入に当たっては、1年間を振り返り、5領域に基づいたカリキュラムを実施した結果を記載します。

「年度当初と比べて、その子どものどんなところがどう変化してきたか」「それに対して保育者はどんなかかわりをしてきたか」「そのなかで課題になっていることは何か」という書き方自体は、これまでと同じです。

要録は、次の指導者に送るメッセージです。その子どものよさを伸ばしていくための子ども理解やかかわり方のポイントなどをメッセージとして書き、伝えていきます。

そのメッセージが、次の指導者である小学校の教員に伝わりやすいように、「幼児期の終わりまでに育ってほしい姿」を使うのです。

たとえば、「（5領域における）人間関係の発達では、友だちと相談して進める姿がみられるようになってきた」と書いても、領域についての指導が総合的に行われることについての理解が乏しい小学校の教員には、どのような場面でどのような発達がみられるようになったのかがイメージできない可能性があります。

「（幼児期の終わりまでに育ってほしい姿における）協同性」の視点で「本人の得意な活動場面では、友だちと一緒に楽しそうに活動している。しかし、友だちとのやり取りがうまくいかず、保育者が少し介入することがしばしばあった。保育者が、本人の思いを相手に伝えたり相手の思いを本人に伝えたりすると関係が修復され、協同して活動することを楽しむようになってきた」と書けば、小学校の教員は「協同性」の項目の内容と照らし合わせることで、その子どもの育ちが理解できます。

「幼児期の終わりまでに育ってほしい姿」のすべての項目について記入する必要はありません。「ぜひ小学校の教員にも継続してもらいたいこと」について、「幼児期の終わりまでに育ってほしい姿」の言葉を使って伝えることが求められています。なお、幼稚園・保育所・認定こども園の教職員と小学校の教員との言葉の違いを理解し、しっかり伝わるようにしていくために、今後も引き続き、保育者と小学校の教員の研究や研修の交流が求められます。

要録作成で
意識すべきこと

 **日々の保育の延長に要録がある**

　子どもは、日々の生活や遊びなどを通して、発達に必要な経験をし、成長していきます。そのために保育者は、子どもの発達を見据えたうえで具体的なねらいや内容を設定し、それに基づいて環境を構成します。そして、子どもの主体的な活動を確保するとともに、子ども一人ひとりの発達の特性に応じた対応をしていきます。

　実際には、保育は必ずしも計画どおりに進みません。ときには、予想外の子どもの姿に出会うこともあります。保育者は臨機応変に対応しながら、子どもの思いに寄り添っていくことが求められます。

　こうした具体的な保育の展開のなかで子どもがどのように成長してきたかを含めて、年度終了時の子どもの姿をとらえ、要録を作成します。要録は日常の保育と切り離されたものではなく、日々の保育の延長にあるのです。

 **保育の記録が要録につながる**

　保育は、子ども一人ひとりの心の動きに応じながら、そのよさや可能性を伸ばしていく営みのため、子ども理解は欠かせません。

　子どもを理解するために必要なのが、**日々の保育記録**、そしてそれをもとにまとめた**保育の経過記録**です。

　日々の保育記録には、子どもの様子や保育者の配慮、対応などが具体的に綴られています。これが、要録を作成するうえでの基礎資料となります。

　日々の保育記録に何げなく書きとめてきたことも、その経過を追いかけることで、あらためて子どもの心の揺れ動きや葛藤に気づかされることがあります。日々の保育記録をもとに、1年間をいくつかの時期に分け（学期または期ごと）、一人ひとりの子どもの姿をまとめてみましょう。保育の経過記録にあらわれた子どもの内面の育ちは、そのまま要録に生かされます。

③ 保育の振り返りの視点をもつ

　日々の保育の記録を保育の経過記録、さらに要録につなげるためには、保育の振り返りの視点をもつことが必要です。

　保育は、子どもの姿を予想しながら指導計画を作成し、それをもとに展開しますが、いざ展開してみると、様々な子どもの姿と出会うことになります。保育の振り返りの際には、指導計画のねらいに沿って、子どもたちがどのような姿でねらいを身につけようとしているかという視点をもつとともに、予想を超えた子どもの姿についても、子どもの内面で揺れ動いていることへの理解に努め、子どもの育ちの理解を深めていくことが大切です。

Step 1
日々の保育を
記録する

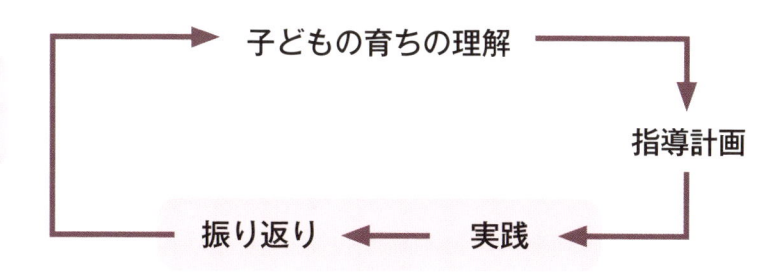

Step 2
1年間の
保育記録を
振り返る

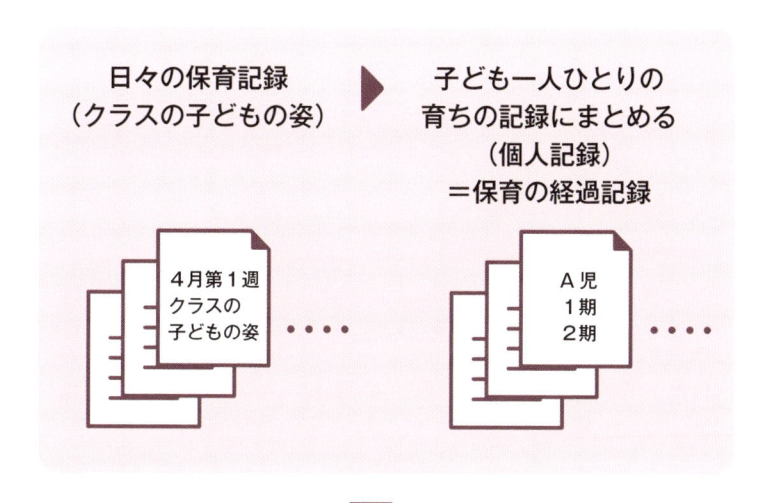

Step 3
要録にまとめる

1年間の子どもの育ちの姿＝要録

要録作成までの
３つの手順

保育とその振り返りのくり返しが、最終的に要録となることをお伝えしました。本節では、要録作成までの手順を「日々の保育を記録する」「１年間の保育記録を振り返る」「要録にまとめる」の３ステップに分けて説明します。

 ## 日々の保育を記録する

〈 5領域のねらいで！〉

子どもの姿をとらえて記録する「保育記録」が、要録作成の資料になります。保育記録には、日々の保育の状況（子どもの様子、保育者の対応、思いなど）を集団と個の両面から具体的に記録しますが、活動を羅列するだけでなく、子どもの表情や言動から、子どもが経験していることを読み取って記録することが大切です。

一人ひとりの子どもがその場面において何を楽しんでいるのか、何に気づいたのか、何ができるようになってきたのか、どんな葛藤があるのかを、**5領域のねらい**でとらえ、その経験を読み取ります。そして、経過を追って記録を積み重ねていきます。

記録する際の留意点

心にふれた
出来事を書く

変化をとらえて
書く

子ども同士の
かかわりを書く

保育者との
かかわりを書く

活動の意味を
考えて書く

Step 2 1年間の保育記録を振り返る 3つの資質・能力の視点で！

　子どもの日々の保育記録の積み重ねから保育を振り返り、保育の経過記録をまとめます。

　ここで大切なのが、幼児教育において育みたい3つの資質・能力※の視点です。5領域でとらえた子どもの経験を3つの資質・能力の視点で振り返ることで、子どもの内面に育ちつつある姿がみえてきます。

※「思考力、判断力、表現力等の基礎（考える、試す、工夫する、表現する）」「知識及び技能の基礎（感じる、気づく、わかる、できるようになる）」「学びに向かう力、人間性等（心情や意欲、態度を育てるなかで、よりよい生活を営もうとする）」

保育の経過記録をまとめる際の留意点

年度当初と比較して、その子どもなりの成長をとらえて書く	その子どものよさと、今後伸びてほしいことをとらえて書く	状況や背景をとらえ、次の指導者に伝えたいことを整理して書く

Step 3 要録にまとめる 「10の姿」をふまえて！

　保育の経過記録をもとに要録をまとめます。

　要録は、次の指導者との連携に役立つものであることが大切で、とくに、小学校につなぐ要録においては、18歳までに育成すべき資質・能力を見通して、幼児教育の終わりの段階で育っていてほしい姿をまとめた「10の姿」をふまえて書くことが求められます。保育ではなじみ深い「5領域」や「心情・意欲・態度」という視点は小学校の教員には伝わりにくいかもしれません。むしろ、幼児教育において芽生えている資質・能力を「10の姿」に沿って示すことにより、幼児教育の成果を小学校教育につなぐことができるのではないでしょうか。

　新しい要録の参考様式では、小学校以降の生活や学習における「10の姿」をふまえてまとめることになりました。保育者は、子どもの育ちを5領域でとらえ、3つの資質・能力で評価し、「10の姿」をふまえてまとめることが必要となります。

　子どもの育ちのとらえ方については、第1章でくわしく説明します。

序章　読み手に伝わる要録とは

記録から要録へのまとめ方
– 育ちつつある姿をとらえる

子どもの経験を5領域のねらいを通してとらえ、
3つの資質・能力の視点で育ちを振り返り、
「幼児期の終わりまでに育ってほしい姿」（10の姿）を
ふまえて表現する具体的な方法を、事例をもとに解説します。

要録につながる記録

　要録では、子どもの経験（活動）を5領域のねらいを通してとらえ、3つの資質・能力の視点で育ちを振り返り、小学校の教員との共通言語である「10の姿」をふまえて表現することが求められます。

　前章では、それを「日々の保育を記録する」「1年間の保育記録を振り返る」「要録にまとめる」の3つの手順に分けて説明しました。

　最終的に「要録にまとめる」という視点があると、おのずと、保育記録の取り方や振り返りの仕方などが変わってきます。そして、日々の保育にも影響を与えます。

　つまり、子どもの育ちをとらえてつなぐ要録は、「10の姿」をめざす保育の実践にもつながるのです。

　本章では、ある園での5歳児の事例をもとに、それぞれの具体的な方法を説明します。

Step 1
日々の保育を
記録する

　　……1　子どもの姿に注目する
　　……2　5領域のねらいでとらえる
　　……3　記録する

Step 2
1年間の保育記録を
振り返る

　　……1　保育記録を積み重ねる
　　……2　5領域の視点で振り返る
　　……3　3つの資質・能力の視点で、子どもの変容を振り返る
　　……4　3つの資質・能力を意識しながら、保育の経過記録をまとめる
　　……5　期ごとの保育の経過記録を並べて、育ちつつある姿を見つける

Step 3
要録にまとめる

　　……1　記録と振り返りを生かしながら、育ちつつある姿をとらえる
　　……2　要録を書く

Step 1 日々の保育を記録する

1 子どもの姿に注目する

　イラストは、5月のある日、5歳児クラスの子どもたちが園庭で遊んでいる場面です。子ども同士で楽しく鬼ごっこをしている子どもたちがいる一方で、一人で遊んでいる子どもがいます。

　ここでは、ほかの子どもたちが遊んでいるのを横目で見ながら、一人で遊んでいる子どもAに注目します。

> **Aの姿**
> おとなしく内気で、自分から積極的に友だちに話しかけることはない。自分の意思をはっきり示さない。一方で、興味のあることには熱心に根気強く取り組む芯の強さがある。

> 子どもの表情や言動から、子どもが何を経験しているのかを読み取ろう

一緒にしようか

2 ５領域のねらいでとらえる

　前頁で示した場面でAは、どのような経験をしているのでしょうか。
「Aの言動」「子ども同士のかかわり」「保育者とのかかわり」の３つのポイント
をおさえながら、Aの経験を５領域のねらいでとらえます。子どもは総合的に育つ
ことを意識しましょう。

５領域でのとらえ

人間関係

- 一人で遊ぶことを楽しんでいる。
- 友だちが遊ぶ気配を感じている。

健康

- 色水づくりといった手先を使った作業に自ら取り組んでいる。
- 自分の好きな遊びを見つけて没頭し、充実感を味わっている。

環境

- 草花や水という素材に触れ合うなかで、感触を楽しむとともに、素材の特徴にも関心を示している。
- 日の光を浴びたり外の空気に触れることで、春の季節の気持ちよさを感じている。

表現

- 赤い色水と青い色水を混ぜて紫色の色水を作るなど、色合わせを工夫している。
- できた色水を光に透かして眺め、美しさを感じている。

言葉

- 言葉は発せず、黙って一人の時間を楽しんでいる。
- 保育者の誘いの言葉には、首を振ることで意思を表明している。

3 記録する

　5領域でとらえたAの経験は、どのように記録すればよいのでしょうか。
子どもは活動から何に気づき、何を学び楽しんでいるのかを読み取りましょう。

5月の保育記録

Aの姿	保育者のとらえ
●園庭の草花を摘み、すり鉢ですって水に混ぜ、色水づくりを楽しんでいる。 ●赤い花びらで作ったピンク色の色水におしろい花の実をつぶした白い粉を混ぜ、色が薄くなる様子を観察している。 ●興味をもって寄っていく子どももいるが、我関せずの様子である。 ●長い時間、飽きずに取り組んでいる。	●春先からクラスのなかではやり始めたきれいな色水づくりに、コツコツと取り組んでいる姿がある。一つの遊びに集中できることはすばらしい。 ●どの素材ならば色水が作れるのか、この色とこの色を混ぜたらどんな色になるのかなど考えながら、試行錯誤している。思考の深さがAのよさの一つである。 ●色水遊びを友だちと共有しながら楽しみたいという気持ちはまだ現れてこない。 ●A本来のおだやかさ、素直さが友だちには非常に好かれるはずである。興味をもって寄っていく友だちがいたら「○○ちゃんもやってみたいんだって。教えてあげてくれる？」などとつなぐことで、友だちとのやりとりが生まれるように援助していきたい。 ●自分の得意なことを通して友だちとつながる経験をすることで自信をもたせ、友だちの遊びの輪にも臆せず入ることができる力にもつなげていきたい。

Step 2 1年間の保育記録を振り返る

1 保育記録を積み重ねる

　5領域のねらいでとらえ、保育記録を書くという作業を随時行い、積み重ねていきます。積み重ねることで、子どもの変容が見えてきます。

　5月（前頁）と7月の子どもの姿を見比べてみましょう。

2　5領域の視点で振り返る

人間関係
- 友だちのしている遊びが楽しそうだと思い、興味を示している。
- 竹馬を持って支えてもらう喜びを感じている。

健康
- 自分の体を十分に動かし、初めての竹馬遊びに挑戦している。
- 転ばないように気をつけながら、慎重に取り組んでいる。

環境
- 友だちのやり方を見て、まねすることのできる環境がある。
- 一本の足で立つ竹馬にどうしたらうまく乗りこなすことができるのか、あれこれ試している。

表現
- 竹馬に乗ってみたいという気持ちを、そばに寄って行くという行動で示している。

言葉
- 自分の言葉で発信はできていないが、保育者の「Ａちゃんもやってみる？」という言葉かけにうなずいている。

7月の保育記録

Aの姿	保育者のとらえ
● 友だちがしている竹馬遊びに興味を示し、自分もやってみたいという気持ちがわき起こっている。 ● 「やりたい」と言葉では表現できず、そばに近づいて保育者に目で訴えるという行動でやりたい気持ちを示している。 ● 保育者の言葉かけに嬉しそうにうなずき、また、友だちが手伝ってくれることにも喜びを感じている。 ● コツコツと一生懸命練習している。	● 色水遊びに取り組みながらも、同じ園庭で過ごす友だちの遊びの気配を感じるなかで、新しい遊びにも興味・関心が向いてきている。 ● 思慮深く友だちの思いを気にする性格から、自分から友だちの輪に入ることに躊躇する姿がある。保育者が仲立ちすることで、安心して入ることができるので、これからもさりげなく援助していきたい。 ● 竹馬に乗ってみたいという自分の思いを言葉にはできなくても態度で示したことで、竹馬遊びを楽しむことができた。こうした成功体験を重ねながら、少しずつ自分の思いを出せるようにしていきたい。

3 3つの資質・能力の視点で、子どもの変容を振り返る

　保育記録を並べることで見えてきた子どもの変容を、子どもに育みたい資質・能力の3つの視点で振り返りましょう。

　気づいたり経験したことをもとに、できるようになったり、遊びに工夫がみられるようになっていく過程を視点とします。最後まで粘り強くあきらめずに取り組んでいるでしょうか。

知識及び技能の基礎
（感じる、気づく、わかる、できるようになる）

- ●色水づくりを通して様々な素材の特徴や扱い方を知り、きれいな色水づくりの技を深めている。
- ●この色とこの色を混ぜるとこうなるという法則や、同じことをしても花の種類や花の咲く時期によって、必ずしも同じ結果が生まれないことに気づいている。

思考力、判断力、表現力等の基礎
（考える、試す、工夫する、表現する）

- ●どうすればきれいな色水が作れるのか、試行錯誤をしながら取り組んでいる。
- ●きれいな色水が作れると、保育者に見せに来ることもある。

学びに向かう力、人間性等
（心情や意欲、態度を育てるなかで、よりよい生活を営もうとする）

- ●興味をもった事柄に自分から取り組む力がある。
- ●コツコツと飽きずに長く一つの遊びを続ける集中力がある。
- ●友だちに何かを強要したり、自分の思いを無理に通そうとしないおだやかな人柄が友だちに好かれている。友だちから近くに寄って行ったり、一緒に遊びたそうなそぶりを見せることもある。
- ●誘われれば拒むことはなく、うれしそうに応じる。受け身ながらもコミュニケーションをとりたい、とろうという意欲がみられる。

4 ... 3つの資質・能力を意識しながら、保育の経過記録をまとめる

活動の表面的な姿から見えることだけでなく、むしろ活動の内面的な部分を読み取りましょう。

1期（4月〜7月）の保育の経過記録

3歳児から1号認定で入園し、降園時間も14時と早い。午後から一緒に遊ぶ時間が短いので、5歳児クラスに進級後も友だちに溶け込むのに時間がかかった。

他児が活動しているのをいつも遠目で傍観しているだけで、保育者が「一緒にしようか」と誘うと、一応ついてくるが消極的だった。友だち同士の会話は横で聞いているが、自分から積極的に話しかけることはあまりなく、保育者に「Aちゃんはどう思うの？」と聞かれると緊張しながらも、小さな声で何とか答えていた。

園庭では色水遊びが好きで、コツコツと取り組み、試行錯誤を重ねながら、すばらしい色の色水を作り出していた。保育者の「Oちゃんにも教えてあげて」との言葉にうなずき、うれしそうに説明するなど、友だちとの関係性に少しずつ自信がついていく様子がみられた。

9月後半の運動会に向けてみんなが運動遊びに意欲的に取り組み出すと、友だちとの関係性が深まりつつあるAも気になってきたのか、他児に混じって参加するようになってきた。

保育者に「竹馬を持ってほしい」というそぶりを見せることもあったので、友だちとのやりとりも経験してほしいと思い「だれかAちゃんのお手伝いしてくれる？」と声をかけると、竹馬の上手なKが手伝いをかって出てくれた。友だちが手伝ってくれるので、Aもうれしそうに竹馬の練習を始めた。

---

5 期ごとの保育の経過記録を並べて、育ちつつある姿を見つける

期ごとの保育の経過記録を並べ、次の3つの点が表れている部分を探します。

> ● 年度当初と比較しての、その子どもなりの一歩
> ● その子どものよさと、今後伸びていってほしいこと
> ● その子どもの姿を生み出した状況や背景

振り返って、今、何が育ちつつあるのか、子どもの伸びてきた姿を見つけ、要録につなげます。

1期の保育の経過記録

3歳児から1号認定で入園し、降園時間も14時と早い。午後から一緒に遊ぶ時間が短いので、5歳児クラスに進級後も友だちに溶け込むのに時間がかかった。

他児が活動しているのをいつも遠目で傍観しているだけで、保育者が「一緒にしようか」と誘うと、一応ついてくるが消極的だった。友だち同士の会話は横で聞いているが、自分から積極的に話しかけることはあまりなく、保育者に「Aちゃんはどう思うの?」と聞かれると緊張しながらも、小さな声で何とか答えていた。

園庭遊びでは色水づくりが好きで、コツコツと取り組み、試行錯誤を重ねながら、きれいな色の色水を作り出していた。保育者の「Oちゃんにも教えてあげて」との言葉にうなずき、一生懸命説明するなど、友だちとの関係性にも広がりが出てきた。

9月後半の運動会に向けてみんなが運動遊びに意欲的に取り組み出すと、友だちとの関係性が深まりつつあるAも気になってきたのか、他児に混じって参加するようになってきた。

保育者に「竹馬を持ってほしい」というそぶりを見せることもあったので、友だちとのやりとりも経験してほしいと思い「だれかAちゃんのお手伝いしてくれる?」と声をかけると、竹馬の上手なKが手伝いをかって出てくれた。友だちが手伝ってくれるので、Aもうれしそうに竹馬の練習を始めた。

２期の保育の経過記録

　みんなと一緒に運動遊びをするようになると、Aのおだやかな人柄や素直な性格がみんなに伝わり、一緒に遊ぼうと誘われることが多くなり、徐々に他児とのかかわりも増えてきた。多くは誘われて遊ぶというかたちだが、得意な色水遊びではリーダー役を務める姿も出てきた。

　竹馬や大縄がうまくできないと、「もう一回やってみたい」と挑戦しようとする気持ちも強くなり、くり返し練習をしていた。

　そんなAの様子を見てO以外の友だちもコツを教えてくれたり、クラスのなかで子ども同士が互いに教え合ったり、協力し合ったりする場面がみられるようになった。

　Aはまだ自分の気持ちを言葉に出すことは苦手だが、クラスの話し合いのなかで、友だちから「次はAちゃんの番だよ」と催促されると、以前ほど緊張せずに自分の意見を言えるようになった。友だちと一緒に遊ぶ機会が増えてきたことによって自信もつき、Aなりに園での生活を友だちとのかかわりを通して楽しめるようになってきた。

３期の保育の経過記録

　運動会や生活発表会などの行事を前に、話し合いや協力し合う機会が増え、子ども同士の関係性がより深まってきた。ときには友だちの意見を聞きながら、Aも「じゃあこんなときはどうするの」と友だちに恥ずかしそうに質問する姿もみられるようになった。

　異年齢の友だちに対しても自分の経験してきた思いを通して、「大丈夫」と励ましていることがある。

　12月の生活発表会の練習で自分のセリフ以外に友だちのセリフも覚えていて、休みが続いてセリフをまだ覚えきれていない友だちが、練習のとき言葉に詰まっているのを見て、一緒にセリフを言ってあげていた。保育者がAの成長に驚いたのは、友だちが一人で言えるところは黙って聞いていて、本当に困っているときだけ一緒に言っていたことである。Aの友だちに対するやさしい気遣いが周囲の友だちにも伝わり、クラス集団の成長にも大きな影響を与えるようになった。

③ 要録にまとめる

1 記録と振り返りを生かしながら、育ちつつある姿をとらえる

「記録」と「振り返り」を生かしながら、要録を作成していきます。

ここで意識しなければならないのが「幼児期の終わりまでに育ってほしい姿」(10の姿) です。

5領域でとらえ、3つの資質・能力で振り返った「子どもの育ちつつある姿」は、「10の姿」でとらえると、どのように表現できるでしょうか。

5領域でとらえたAの育ちつつある姿

「幼児期の終わりまでに育ってほしい姿」がここに表れている

健康
- 園庭では自然遊びに集中して取り組み、充実感を感じている。
- 体を動かす遊びにも興味をもち、苦手ながらも取り組む意欲をもち始めている。

→ **健康な心と体**

人間関係
- 年度当初は友だちとのかかわりに消極的な姿があったが、得意な色水づくりを通して友だちとのかかわりが生まれつつある。
- 友だちとのかかわりが深まるとともに、友だちのしている遊びにも興味をもち始めている。
- 友だちと遊ぶ機会が増えたことから人間関係が広がり、友だちのなかでも自分の思いを言葉にすることができ始めている。
- 友だちに助けられたり、助けたりする経験を通し、本来もっている思いやりの心ややさしさが発揮できるようになっている。

→ **協同性**

環境
- 自然に触れ合うことができる園庭の環境で、いろいろな発見をしたり、試行錯誤をしながら過ごしている。
- 友だちの遊びにも興味を示し、自分の遊びを広げている。

→ **思考力の芽生え**

言葉
- 年度当初は自分の思いを言葉にすることが苦手であったが、友だちとのかかわりを通して徐々に自分の思いを言葉にすることができるようになっている。
- 質問したり、自分から友だちに「大丈夫」と声をかけるなど、言葉を通しての相手とのやりとりがさかんになってきている。

→ **自然との関わり・生命の尊重**

表現
- 得意な色水づくりでは、色の組み合わせを考えたり、色合わせを楽しんでいる。
- きれいな色水を評価されたことから、自信が深まり、よりきれいなものを作ろうという意欲が生まれている。
- 劇などの表現遊びでも、どのような劇にしたいのかを考え、自分の意見をもてるようになっている。

→ **言葉による伝え合い**

→ **豊かな感性と表現**

2 「要録」を書く

その子の子ども像がイメージしやすいように「どんな活動で」「どんな姿が」「どんな経過をたどって」「どのように育ちつつあるか」を具体的に書くことが大切です。

Point1

具体的な活動を書く

指導上参考となる事項

- 元々おとなしくて内気なＡは、活発なクラス集団のなかでは圧倒されることが多かった。しかし、自分の興味・関心があることについては友だちに迎合することなくコツコツと集中して取り組む芯の強さがあり、園庭遊びでは色水づくりが好きで、どの素材を使えばきれいな色水ができるか試行錯誤を重ねていた。

- 保育者の仲立ちにより、きれいな色水づくりを友だちに教えるなかで、徐々に友だちとの関係が深まり、友だちのしている遊びにも興味をもつようになった。それまで見ているだけだった竹馬などの運動遊びに取り組み、両手にマメをつくりながらも熱心に練習を重ね、できるようになったときには「ちゃんと練習がんばったからできたよ」とうれしそうに母親に報告していた。

- 5歳児になると、様々な行事の際に子ども同士の話し合いが行われる。年度当初は自分の意見を言うことに苦手意識があったが、友だちとのかかわりが増え、竹馬の成功体験から自分の力に自信がつき、少しずつ自分の思いを言葉にできるようになってきた。

- 友だちとのつながりが安定するなかで、Ａの持ち味であるおだやかさややさしさが周囲に伝わり、多くの友だちに慕われている。新しい環境になじむまでには時間がかかるが、安心できる友だちと過ごすことで、Ａのよさが発揮できると考える。

Point2

**3つの資質・能力で
とらえた子どもの
育ちつつある姿を書く**

Point3

**「10の姿」で表現する
子どもの育ちつつ
ある姿を描く**

ケーススタディ

前節で、5歳の子ども（A）をもとに、要録作成までの3つの手順を説明しました。要録の作成では、どの子どもについても同じ手順を踏む必要があります。

ここでは、Step 2の5「期ごとの保育の経過記録を並べて、育ちつつある姿を見つける」から、Step 3の1「記録と振り返りを生かしながら、育ちつつある姿をとらえる」と2「『要録』を書く」までの段階を、2人の子ども（BとC）の事例を使って理解を深めます。

Bのケース

Step 2 - 5 期ごとの保育の経過記録を並べて、育ちつつある姿を見つける

1期（4月〜7月）の保育の経過記録

5月。和紙をマーブリングで染色したときのこと。染色の仕方によって形が変わることに気づいたB。「こんな形になった」と興味津々。「きれいな形だね」と保育者が見守っていると、何枚も染色に挑戦していた。

6月。テラスで音楽をかけて踊っている女の子が7、8人いるが、そこには加わらないB。しかし、音楽が流れていると、なんとなく気になって近くで見ていたり、別の遊びをしていても気がそぞろになったりしている。友だちと一緒に泥団子に花や植物をつけて遊んでいたときには、友だちは泥団子づくりに夢中になっていたが、Bは踊っている子どもたちを気にしている。保育者がダンスを一緒にやってみてはどうかと提案すると「私はやらないよ」と言う。それでも、ダンスを気にして近くで見ている姿があった。

2期（8月〜11月）の保育の経過記録

9月。運動会の退場門づくりを何人かの子どもでやっていたとき、Bが「Bもやるー」と言って入ってくる。友だちがペットボトルとカラービニールでうさぎを作っているのを見て、「私はねこを作るね」と作り始める。友だちがやっている横で、素材をまねしながら作り、「できた！」と退場門につける。1つ作り終わったら別の遊びに移る子どももいるなか、他の動物も一生懸命に作っていた。

11月。振りつけだけでなく、音楽に合わせてマットで友だちと前転や側転に何度も挑戦するB。友だちと一緒に技を合わせられるように、目を合わせたり、「せーの」とかけ声をかけたりしている。降園時にこれから遊びたいことを紹介し合うときには、友だちに「みんなと一緒にやることは楽しいから、何かみんなで一緒にやるものをやりたい」と堂々と話していた。

3期（12月〜3月）の保育の経過記録

12月。食事会で、幼稚園のほかのクラスに向けて、ダンスとマットの技を組み合わせたショーを披露することになった。ダンスかマットの技の役割分担では「私はマットをやる」とみんなにはっきり伝えた。何度も音楽に合わせて練習し、友だちと技が合わないときは「行くよ」と声をかけた。食事会本番でも、真剣な表情でマットの技を決めたり、みんなと振りつけの息を合わせたりするなど、いきいきと活動していた。

1月。冬休み明けに3、4人の友だちとかるた遊びを楽しむB。人数が集まらないときは、「だれかかるたやりませんか」とまわりの友だちに声をかけている。一緒にかるた遊びをしていた友だちがお手つきをしてそのまま札を取ってしまったときは、「それはよくないよ」と伝えつつ、その子どもの気持ちを汲み取り、みんなで遊びを続けていた。

1 記録と振り返りを生かしながら、育ちつつある姿をとらえる

〈 **5領域**でとらえたBの育ちつつある姿 〉

幼児期の終わりまでに
育ってほしい姿で
とらえると…

健康
・友だちと音楽に合わせて踊ったり、マット運動をしたりするなど、十分に体を動かして楽しんでいる。
・本番に向けて何度も練習し、みんなと息を合わせてショーを披露することで、充実感を味わっている。

健康な心と体

人間関係
・友だちのまねをして製作するなど、かかわり合いながら遊んでいる。
・友だちの気持ちを思いやり、相手が傷つかないかかわり方を工夫している。
・友だちと一緒にやりたい気持ちをもち始めている。

協同性

道徳性・規範意識の芽生え

環境
・染色の仕方によって色が変わることに気づき、きれいな形を作ることに取り組んでいる。
・友だちの製作を見て、自分もやってみたいと考え、試行錯誤しながら作品を作ろうとする。

思考力の芽生え

言葉
・話し合いのなかで、「みんなで一緒にやることは楽しい」「みんなで一緒にやるものをやりたい」と堂々と発言している。
・自分のやりたい遊びに自ら友だちに声をかけ、誘っている。
・友だちの行動に対し、「それはよくないよ」と指摘しながらも、相手が傷つかない言い方を工夫している。

言葉による伝え合い

表現
・音楽に合わせて体を動かす活動で、友だちと技を合わせることに意欲をもって取り組んでいる。
・製作物で、友だちのまねをしながらも自分なりに工夫をして表現しようとしている。

豊かな感性と表現

Step **3** **2**「要録」を書く

指導の重点等	（学年の重点） ・目的に向かっていろいろと工夫しながら活動に取り組む。 ・友だちと思いを伝え合いながら一緒に活動する。
	（個人の重点） ・興味のあるいろいろな遊びを経験するなかで自信をもつことで、友だちと一緒に活動を楽しむ。
指導上参考となる事項	● 進級当初は、友だちとかかわり合うことに自信がもてず、自分の興味のある遊びをやっている友だちがいても積極的に一緒にかかわろうとすることができなかった。じっくり自分で取り組めるような新しい素材に対しては、躊躇することなく、自分から進んで取り組む姿もあった。そこで、新しい素材について自分なりの試しができることを賞賛し、さらにくり返しかかわることを楽しめるようにした。また、Bの思いを尋ねたり、興味のある遊びに、保育者も仲間になって入ったりして、友だちとの遊びのかかわりを増やしていくようにした。自分の興味のある遊びに積極的に取り組み、まわりの友だちとのかかわりも広がってきた。 ● 運動会やお楽しみ会などの行事をきっかけに少しずつ自信をもつようになり、自分から友だちに働きかけることも多くなってきた。友だちと一緒に音楽に合わせて動くリズム遊びでは、友だちと目を合わせたり声をかけたりして、友だちと一緒に行う活動を楽しむようになった。保育者は、Bのやりたい思いをとらえて、みんなに伝える機会をつくったり、みんなに伝える手助けをしたりするようにした。自分の思いをみんなの前でも堂々と言えるようになり、友だちとかかわり合いながら、遊びを楽しめる姿が多くなった。 ● 園生活に自信がもててきたようで、みんなで音楽に合わせて踊ったり、マット運動をしたりするショーを披露することになったときには、何度も友だちと一緒に音楽に合わせてする動きをくり返して、友だちと一緒に活動する楽しさを感じていた。本番もみんなで息を合わせたショーを披露することができて、満足感を味わっていた。保育者は友だちとかかわり合いながら何度も試したり挑戦したりする姿を励ましたり、一緒にやっている友だちみんなに目指す姿を尋ねるようにして、目的を確認しながら取り組めるようにした。 ● 自信がもてるようになってからは、自分から進んで友だちとかかわり合いながら活動するようになったが、慣れない環境では不安が大きいことが考えられる。不安な様子がみられるときはBの思いを尋ねたり、最初は一緒にかかわったりすると、友だちとのなかでも自分らしく表現していくことができる。今後も、新しい小学校生活に不安をみせるときには、丁寧にかかわる必要がある。

Point 1

子どもとのかかわりを振り返り、どのようなかかわりをしてきたのかを書く。

Point 2

１年間を振り返って、転機となったところをとらえ、そのときの保育者のかかわりを書く。

Point 3

次の指導者に向けて、その子らしさが発揮できるように、引き継ぐことを忘れずに書く。

Step 2 **5** 期ごとの保育の経過記録を並べて、育ちつつある姿を見つける

1期（4月〜7月）の保育の経過記録

　Cは、朝の会などの話し合いのときに自分の意見を言うのが苦手であるが、話はよく聞いていて、少しずつ意見を言えるようになってきている。まだ自信のなさもみられるので、無理のないように発言の場を設けて場に慣れるようにしている。

　今日の朝の会では、担任が用事から戻るのを、実習生と一緒に手遊びをしたり絵本を読んだりしながら待っていた。Cが実習生に「この絵本読んで」と言い、実習生がみんなに向かって読み始めると、全員で絵本に集中していた。

　Cは家で祖父と畑をしていることもあり、家から畑の本を持ってくるなど畑の活動には喜んで参加し、意欲的に取り組んでいるので、その後の植木鉢づくり（一人1個、牛乳パックで豆を植える入れ物の製作）にも積極的に取り組んでいる。保育者が「Cちゃんの鉢の豆、ジャックと豆の木みたいに大きくなったらどうしよう」と言うと、その場面を想像した様子で、うれしそうに「えーっ」と言って笑う。

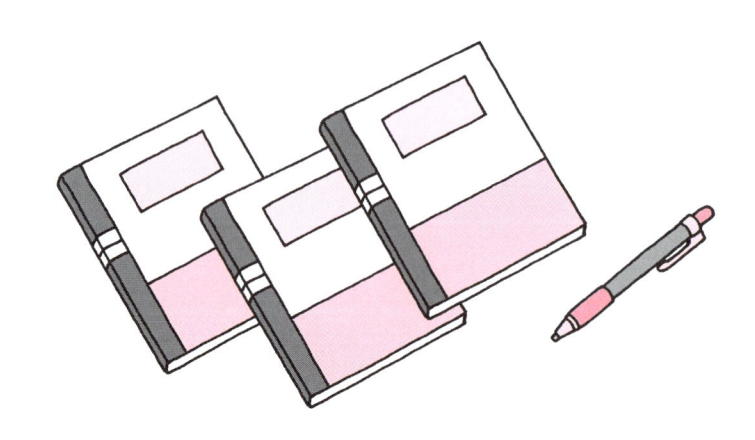

2期（8月〜11月）の保育の経過記録

　体を動かすことが好きで、運動会でのタッチ競争[※]では「1位になるんだ」と言いながらも、年少組の子どもに合わせて走るなどやさしく接したりして楽しみにしていたが、参加できなかった。運動会ではぞう組が「Cちゃんのぶんもがんばる」と張り切り、1位になった。Cは家でその話を聞いてうれしそうにしていたという。

　子どもたちも「全員でがんばりたかった」と言い出したので、保育者も一緒に話し合い、ぞう組だけでミニ運動会をすることにした。それぞれにやりたい役を担当して行うが、タッチ競技はぞう組だけではできないので、全クラスにお願いに行った。結果は2位だったが、トロフィーはぞう組に飾ったままにした。

　Cは、園公認の自転車の免許状を持って、パレードにも満足気に参加していた。

　ミニ運動会を見に来た両親も喜んでいた。運動会の絵を描く活動では、タッチ競争の絵を友だちとうれしそうに話しながら描いていた。

※運動会の競技をどうするかを話し合い、自分たちで考えた種目。2人で手をつないで走って三角コーンを回って次のペアにタッチするリレー。

3期（12月〜3月）の保育の経過記録

　卒園も近くなり、それまではMと一緒にいることが多かったCだが、年長だけの活動や小学校ごとの活動が増えてきたことから、ほかの友だちとでも言いたいことを言ったり笑い合ったりすることが増えてきた。そのような状況で「お別れ会」をすることにした。どのようなお別れ会をするか話し合うなかで、「みんなで遊びたい」「みんなでおやつを食べたい」などの発言に交じって、Cも「ジュースで乾杯したい」と発言するなど、みんなで話し合いする場で自分の考えを言うことができた。

　友だちとの生活や遊びのなかで、自分なりにおもしろさを追及したり課題に取り組んだりしている。また、友だちの意見を聞き入れながら自分で考えたり、話し合って生活や遊びを豊かなものにしようとしている。

Step 3 **1** ⋯ 記録と振り返りを生かしながら、育ちつつある姿をとらえる

> 5領域でとらえたCの育ちつつある姿

幼児期の終わりまでに
育ってほしい姿で
とらえると…

健康
- 畑の活動に興味を示し、意欲的に取り組んでいる。その後、植木鉢づくりの活動にも積極的に取り組んでいる。
- 体を動かすことが好きで、運動会のタッチリレーでは「1位になる」という目標をもって練習している。

健康な心と体

人間関係
- 実習生に自分から「絵本を読んで」と話しかけるなど、少しずついろいろな人とかかわることができるようになっている。
- タッチリレーの練習では、年少組の子どものペースに合わせて走るなど、やさしさを見せている。
- 運動会に参加できず残念な気持ちがありながらも、「Cちゃんのぶんもがんばる」と言ってくれた友だちの思いを受け止めうれしそうな様子を見せるなど、心の育ちがみられる。
- 卒園を見据えた活動のなかで、次第に特定の子ども以外の友だちとの交流も増え、自分の思いを出せるようになってきている。

自立心

協同性

社会生活
との関わり

環境
- 家庭での経験をふまえ、畑の活動に当たって家から畑の本を持ってきてよりよい方法を考えるなど、環境を自分で工夫する姿がある。
- お別れ会に向けた話し合いで、より楽しくなるような活動を自分なりに考えている。

思考力の
芽生え

自然との
関わり・
生命の尊重

言葉
- 話し合いのときに自分の意見を言うことは苦手であるが、話をよく聞くことはできる。
- 発言の場を意識的に増やすことで、しだいに自信をもって話ができるようになってきている。
- 友だちの意見を聞き入れながら、自分で考えている。

言葉による
伝え合い

表現
- 練習をがんばったタッチリレーの絵をうれしそうに描いている。
- お別れ会で何をしたら楽しいか考え、これまでの経験から「ジュースで乾杯する」というアイデアを思いついている。

豊かな
感性と表現

指導の重点等	（学年の重点） ・友だちとの生活や遊びのなかで、自分なりにおもしろさを追求したりクラスの課題に取り組んだりする。また、友だちの意見を聞き入れながら、自分で考えたり話し合って生活や遊びを豊かなものにしようとする。
	（個人の重点） ・自信のある活動（畑の活動、体を動かす遊び、絵画・製作）を友だちと一緒にするなかで、自分の気持ちや考えを表現する。この経験を積み重ねることで、発表会や話し合いの場でも意見を言えるようになる。
指導上参考となる事項	●4月当初は、大好きなMと一緒のクラスになり落ち着いてスタートをする。好きな遊び（跳び箱、自転車、畑仕事、絵画・製作など）には意欲的に取り組む。
	●好きな遊びはどちらかというと一人でも取り組める遊びであり、たとえば、製作などののりやハサミを使って工夫したりしながらイメージをふくらませて丁寧に作り上げる。
	●畑仕事は家で祖父としているので、手順等慣れているため積極的であり、家から畑の本を持ってきたりして取り組む。子ども同士の話し合いの場でも意見を言えるようになってきているが、自信なさそうにしているので、無理のないように注意しながら、発言の場を用意して経験が積めるように配慮する。
	●2期に入り大好きな体を動かす遊びを中心とした運動会に取り組むなかで、友だちと話をすることも多くなり、5歳児同士でふざけ合ったり、食事や午睡を一緒にする約束など、友だちとかかわって遊ぶ姿が育ちつつある。
	●発表会の練習で声が小さかったが、まわりの友だちが大きな声でセリフを言うことに触発されて徐々に声が大きくなり、それに合わせて身振りも大きく表現するようになっていった。
	●歌などにこやかで大きな口を開けて歌う楽しさが伝わってきた。このように好きな遊びを広げることで友だちとのかかわりも深くなり、発表の場での保育者の支えもあって、3期では、お別れ会の内容を話し合う場で意見を言ったり文字にするなど、自分の思いを表現する姿が育ちつつある。
	●作品展では廃材を利用してお化け屋敷を製作した。Cの得意な製作で、友だちとアイデアを出し合い進める一方で、3歳児がうまくできなくて困っていると手伝うなど、楽しみながら進めることができた。

Point 1

クラスの年間指導計画の保育目標達成に向けて、Cに対して力を入れてかかわったことを簡潔にまとめる。

Point 2

1年間のCの保育記録や保育の経過記録を振り返り、特に配慮してかかわった点を簡潔にまとめる。表現がマイナスにならないよう注意する。

Point 3

園の保育の特色を記述し、その内容に子どもがどのように取り組んだかを、その子どものよさがわかる具体的な事例を盛り込みながら記述する。

Point 4

Cが、好きな遊びから次第に活動範囲を広げたり、遊びを深めたりしていく過程において、保育者の働きかけや配慮した点も記述する。

第2章

「10の姿」を意識した書き方
－ 5領域でとらえた育ちを「10の姿」で表す

子どもに育ちつつある姿を「10の姿」で表現するには、
どのような書き方をすればよいのでしょうか。
それぞれの姿を表現する文例を紹介します。

「10の姿」と５領域との
つながりを見る

健康な心と体	●何かに挑戦し、考えをめぐらしたり、行動する　●達成感を味わう ●見通しをもって行動する　●生活習慣を身につける　●危険についても認識する
自立心	●環境に主体的にかかわる　●自分の力で行うために考えたり、工夫したりする ●しなければならないことを自覚する ●あきらめずにやり遂げる　●自信をもって行動する
協同性	●友だちとのかかわりのなかで、互いの思いや考えを共有する ●共通の目的の実現に向けて、考えたり、工夫したり、協力したりする ●友だちとともに充実感をもってやり遂げる
道徳性・規範 意識の芽生え	●友だちとのかかわりのなかで、よいこと・悪いことがわかり、自分の行動をふり返る ●友だちの気持ちに共感したり、相手の立場に立って考えるようになる ●きまりを守る必要性がわかり、守ろうとする ●自分の気持ちを調整し、折り合いをつけようとする
社会生活 との関わり	●様々な人とかかわりながら暮らしていることに気づき、相手の気持ちを考えてかかわる ●自分が役に立つ喜びを感じ、まわりとのつながりを意識する ●遊びや生活に必要な情報を取り入れたり、伝え合ったり、活用する ●公共の施設などを利用することで、社会とのつながりを意識したり、使い方を覚えたり、大切に使おうと思う
思考力の 芽生え	●身近な事象に積極的にかかわり、ものの性質や仕組みなどを感じ取ったり、気づいたりする ●考えたり、予想したり、工夫したりする　●友だちの様々な考えに触れる ●友だちの様々な考えに触れ、自分と異なる考えがあることに気づき、考え直したり、自分の考えをよりよいものにしようとする
自然との関わり・ 生命尊重	●自然に触れて、感動したり、自然の変化などを感じ取る ●自然への愛情や畏敬の念をもっている ●好奇心や探求心をもって考え、言葉などで表現する
数量や図形、 標識や文字などへの 関心・感覚	●遊びや生活のなかで、数量や図形、標識や文字などに親しむ経験を重ねている ●標識や文字の役割に気づいたりし、自らの必要性にもとづきこれらを活用している
言葉による 伝え合い	●友だちや保育者と心を通わせている ●絵本や物語などに親しみ、豊かな言葉や表現を身につける ●経験したことを言葉で伝えたり、相手の話を注意して聞いている ●言葉による伝え合いを楽しんでいる
豊かな 感性と表現	●心を動かす出来事などに触れ、感性をはたらかせる ●様々な素材の特徴や表現の仕方などに気づいている ●感じたことや考えたことを自分で表現する　●友だち同士で表現する過程を楽しむ ●感じたことや考えたことを表現する喜びを味わい、意欲をもつようになる

健康

- 心の健康
- 体の健康
- 生活習慣

人間関係

- 友だちや保育者とのかかわり
- 自分の意志で積極的に人や環境にかかわる
- 工夫したり、協力したりして一緒に活動する
- 遊びなどを楽しみながらものごとをやり遂げようとする
- まわりとのかかわりのなかで、気持ちを共感したり、思いやりをもつ
- よいこと・悪いことに気づき、考えながら行動する

環境

- 自然や動植物とかかわるなかで、生命の尊さに気づき、大切にする
- 身近な事象を見たり、考えたり、扱ったりするなかで、性質や仕組みに興味と関心をもつ
- 身近な環境に自分からかかわり、発見を楽しんだり、工夫したり、生活に取り入れようとする
- 身近なものを大切にする
- 日常生活のなかで、様々な文化や伝統に親しむ
- 園の行事活動等を通して、様々な経験をし成長する
- 日常生活のなかで、数量や図形、標識や文字などに関心をもつ

言葉

- 自分の気持ちや考えを言葉で表現する
- まわりの人の言葉や話を聞き、理解しようとする
- まわりとの会話を楽しむ
- 絵本や物語などに親しみ、言葉に対する感覚を豊かにする

表現

- まわりの環境とのかかわりのなかで、何かに気づいたり、感じたりする。
- 感じたことや考えたことを伝え合おうとする
- 自分なりにいろいろな工夫をして表現することを楽しむ

「10の姿」別 文例集

子どもの姿を「10の姿」の視点でとらえた文例です。

漠然とした子どもの姿や、ある事象の記述ではなく、その子どもが活動を通して経験していることや、具体的な育ちつつある姿をとらえて書きます。

健康な心と体

苦手な運動遊びに取り組む

体を動かすこと全般が苦手だったが、マット運動で友だちに教えてもらいながら前転ができるようになったことが自信となり、以降、縄跳びなどにも積極的に取り組んでいる。

いつも穏やかで安定している

にこにこして、怒ったり泣いたりすることがほとんどなく、男女問わず好かれる。ただ、友だちとのやり取りで我慢する場面も多いため、気持ちを伝える機会を設けたところ、自分の思いを伝えられることが増えた。

自分自身を清潔に保つ生活習慣が身についた

汗かきなためタオルを持参し、自分で拭くように指導した。最初のうちは声をかけたが、そのうち自分から汗を拭くようになった。服が汗で濡れたから着替えたいと言ったり、友だちにも汗を拭くよう促すなど、清潔さを保つ意識が養われた。

折り紙が好きでよく折り紙をしている

折り紙が好きで、折り方の本を見たり、保育者に聞きながら、いろいろな折り方に挑戦していた。手先の巧緻性が育まれ、色への関心も高まった。七夕の飾りなども積極的に作っていた。

食べ物に関心がある

▼

食育活動のピーマンの栽培と収穫後のカレーづくりを通して、食材に興味をもつ。給食を食べているときも、まわりの友だちと使われている野菜について話す姿がみられる。

友だちと一緒に体を動かすことが好き

▼

特に鬼ごっこなどの集団ゲームを好み、友だちを自ら誘い、一緒に遊ぶ姿がよくみられた。

ルールを守る意識ができた

▼

活動的ではしゃぐことが多かったが、散歩の途中に石段からジャンプし転倒した際にけがをしたことから、ふざけると危ないことがわかり、活動のルールなどを守れるようになった。

遊び方やルールを考えるのが好き

▼

クラスのリーダー的存在で、遊び方やルールをいろいろと考えては、友だちを誘いみんなで楽しんでいた。

整理整頓が好き

▼

手洗い場で石けんが所定の位置に置かれていないとすぐ直すなど、細かいところによく気づき、整理したり、きれいにしたりする。

気温に応じて、服装を調節できる

▼

園庭で遊んでいて、はじめは晴れていて暖かかったのが、雲が増えだんだん気温が下がってきたときに、自分から「寒いからもう一枚、着る」と上着を調整する姿があった。

まわりのことをよく見ている

▼

当番活動や手伝いに意欲的で、細かいところに気づいたり、作業の遅い子どもに声をかけて手伝うなど、全体を見て行動することができる。

集中する力がついてきた

▼

好きな絵を描く活動以外の活動はすぐに飽きていたが、活動中の行動をよく見て、「がんばっているね」などの言葉を頻回にかけるうちに、絵を描く活動以外のことにも集中できる時間が長くなってきた。

積極的に手伝いをする

▼

活動の後片づけなど、保育者の話をよく聞いて理解し、素早く行うことができる。たくさんあって自分一人で片づけられないときは自らまわりに声をかけ、協力して行える。

粘り強く最後までやり遂げる

▼

折り紙に興味をもち、折り方の本を見ながら折っている。むずかしい形にも意欲的に取り組み、午前中いっぱいかかってようやく鶴が完成すると、「一人で折れたよ」と誇らしげに保育者に見せに来た。

やり方を考えて工夫する

▼

砂場で大きな山をつくり、トンネルを掘ろうとしたが、砂が軟らかすぎるためかすぐに崩れてしまう。硬い山をつくるにはどうしたらよいか、水をかけて固めたり、白い砂をかけて手で叩き固めたりしながら、トンネルが掘りやすくなるように工夫していた。

自分のやりたいことが言える

▼

これまで自分の気持ちを言うことが少なかったが、劇遊びのなかで自分のやりたい役を選び、友だちに「私は〇〇がやりたい」と、はっきり主張できるようになった。

砂をかけてたたいて固める！

やるべきことに
すすんで取り組む

当番活動の日は、一緒に行う友だちに声をかけ、率先して準備を進めるなど、自分のやるべきことを考え、行動している。

手本になろうと心がける

弟が入園したことをきっかけに、朝や給食時のあいさつなどでは、元気に声を出し、自らやろうとする姿がみられる。保育者やまわりの友だちからの励ましを受け、自信につなげている。

苦手な食べ物の
克服に意欲的

野菜全般が苦手で、給食では野菜を残すことが多かったが、近隣園との合同給食会で刺激を受け、野菜を食べようと意欲をみせるようになった。自分で食べる目標を決めたり、好みのおかずと混ぜたりするなど工夫しながら、食べられる野菜が少しずつ増えてきた。

あきらめないで取り組む

縄跳びができなかったが、保育者や友だちにやり方を聞いたり見たりして、2か月ほどの間、何度もくり返し取り組み、できるようになった。本人の自信につながった。

自分から
練習するようになる

できないと思ったことはやろうとしない姿がみられたが、友だちが縄跳びをがんばる姿を見て、興味を示す姿がみられるようになる。縄跳びの縄を使った遊びに誘ったり、最初はだれでも失敗することを伝えるうちに、自分からくり返し試そうとする姿が育ちつつある。

気持ちを切り替えられる
ようになる

遊びの途中で次の活動に移るのが苦手なため、あらかじめ遊びの終わる時間を書いた紙を渡して、活動に見通しがもてるようにした。保育者が紙にイラストやメッセージを書くようにしたところ、時間を気にするようになり、徐々に気持ちの切り替えができるようになってきた。

協同性

目標に向かって リーダー的役割ができる

運動会のクラス対抗リレーでは、どうしたらバトンの持ち方や渡し方が早くなるかを考え、アイデアを伝えたり、率先して自主練習をしようと呼びかける姿があった。

協力して取り組む 遊びを好む

ふだんからまわりの友だちに声をかけ、一緒に遊ぶことを好む。特に、街や動物園などテーマを決めて、話し合いながら積み木やブロックで作ることを楽しんでいる。

目標に向けて 積極的に取り組む

生活発表会では４歳児と一緒に劇を行う。４歳児にアドバイスをしたり、手本を見せたりしながら、劇の成功に向けて一生懸命取り組んでいた。

協力して取り組む 楽しさを知る

だれとでも仲よくできるが、友だちと一緒に遊ぶことが少なかった。運動会の組体操の練習で、同じグループの友だちと技ができるまで何度も取り組み、完成したときの達成感を味わったことをきっかけに、友だちと一緒に遊ぶことがが多くなった。

みんなをまとめて 遊ぶことが得意

ふだんから友だちの話をよく聞いて、「それいいね。それにこれを追加したらどう？」などと相手のアイデアを認め、みんなの中心になってアイデアを膨らませながら遊ぶ姿がみられる。

協力し合って 作ろうと行動する

共同製作の時間では、作業に時間がかかる友だちを手伝ったり、塗る色を決めるときには「ここはどの色にする？」とみんなに聞いたりするなど、協力し合ってみんなで完成させようという姿がみられた。

道徳性・規範意識の芽生え

よいこと・悪いことを考えて行動できる
▼
園の廊下を走るなど危険な行為が多かったが、「なぜ危ないか」を一対一で向き合って一緒に考えるように対応することで、してよいこと・悪いことを考えられるようになった。

共有のものの整頓を心がける
▼
5歳児になり、片づいていると、自分もみんなも気持ちいいということに気づき、クラスの部屋だけでなく、廊下のロッカーや手洗い場などにも気を配り、ごみを拾ったり、スリッパを揃える姿がよくみられた。

相手の気持ちを考えて言葉を使える
▼
友だちに注意をするときの言葉が強すぎるところがあった。絵本を通してどういう言い方をすればよいのかを伝えると、やさしく注意できるようになった。

相手の思いに気づく
▼
遊びのなかで、自分の思いを通そうとすることが多かった。本人の思いを受け止めつつ、友だちの思いに気づけるよう一緒に遊びに加わりながらかかわると、次第に相手の思いを受け止められるようになった。

ルールを守って遊ぶようになる
▼
サッカーごっこで、最初はルールを守れなかったが、そのことで友だちの困る姿を見て、葛藤する姿もあり、ルールを守る必要性に気づくようになった。ルールを守ったときは、「守れたね」などと言葉をかけるとうれしそうにする。

気持ちの折り合いをつける
▼
気持ちが高ぶると自分自身で気持ちを切り替えることがむずかしいことがある。一対一で向き合い、穏やかな表情と声で本人の思いを受け止め、次の活動に向かえるような言葉をかけると、気持ちが落ち着くようになる。

社会生活との関わり

困っている友だちに手を貸せる

同じクラスだけでなく、違う学年の友だちが困っているときにも、声をかけ、手伝う姿がよくみられた。

電車をきっかけに興味を広げる

大好きな電車の沿線の駅名を覚えるうちに、どの駅がどのあたりにあるのかに興味をもつ。地図を見たり、トンネルや橋の作り方を絵本で調べるなど、興味を広げている。

家族に感謝の気持ちをもつ

おうちの人の迎えが遅いときは、いつも「お仕事おつかれさま！」「ママ、いつもありがとう」などという思いやる姿が育ちつつある。絵を描いたり、迎えにきたおうちの人に渡し、家族への感謝の気持ちや仕事で疲れているおうちの人を思いやる気持ちをもっている。

自分で情報を調べ、まわりに伝える

遠足を前に、電車の乗り方や当日の持ち物などを書いたパンフレットを作りたいと言いだす。情報を保育者に聞いたり、路線図を調べたりしながら、友だちと話し合い、一緒に作成した。

地域の人とかかわりをもつ

毎年きゅうりをいただく近隣の方に、お礼の手紙ときゅうりの絵を送りたいと自ら提案する姿がみられる。保育者と友だちに自ら声をかけ、最後まで丁寧に熱心に取り組んでいた。

交通ルールや公共のマナーを守ろうとする

散歩のときや電車に乗って園外活動に行くときなど、交通ルールなどを守ることができる。道路の白線からはみ出して歩いている友だちには、なぜだめなのか理由を伝えて注意をする姿がよくみられる。

思考力の芽生え

好奇心旺盛で、疑問を自ら解決しようとする

▼

どのようなことに対しても「なんでこうなるんだろう?」と興味をもち、疑問に思ったことなどを図鑑で調べたり、保育者に聞いて知ろうとする気持ちが強い。また、聞いたことをまわりの友だちに説明する姿もよくみられる。

友だちの考えを受け入れられるようになる

▼

自分の考えをもち、まわりに伝えられるが、押し通そうとすることが多い。保育者が話し合いに入り、ほかの子どもの意見を聞いたり、よいところを共有するなどかかわることで、少しずつまわりの意見を聞けるようになった。

遊びのルールを工夫し、共有する

▼

一緒に遊ぶメンバーに年下の子どもがいると、ルールをわかりやすく説明したり、簡単なルールを考えて提案して遊んでいる。年下の子どもが楽しむ姿を見たり慕われたりすることで、本人もうれしさを感じている。

やり方を工夫する

▼

クラスではやっていたボーリングゲームでは、ピンを多く倒すために、ボールや投げ方を変えたり、友だちとアイデアを出し合いながら工夫していた。遊びだけでなく、製作の場面などでも、どうすればもっとよくなるかを考え工夫している。

カメラのつくりや仕組みを研究する

▼

お店やさんごっこの品物でカメラづくりをしたとき、カメラの部品や仕組みに興味をもち、本で調べたり、実際にカメラを持参してパーツを丁寧に観察して絵を描き、みんなに伝えていた。

予想したり、確かめたりする

▼

色水遊びでは、赤い色水と青い色水を混ぜると紫色になることに気づいた。その後、黄色と青、赤と白など、ほかの色では何色になるか予想しながら、実際に試して確かめていた。

自然との関わり・生命尊重

虫への関心が高く、調べたりまわりに共有する

▼

友だちに「虫博士」と呼ばれており、生きものの観察が好きで、気になることがあればすぐに図鑑で調べ、友だちや保育者にいろいろと教える。

虫への愛情から積極的に世話をする

▼

クラスで飼っていたカブトムシが気になり、当番ではない日もよく観察していた。成長の様子を絵に描き、みんなに伝えていた。

自然物をよく観察し、絵でまわりに伝える

▼

近くの池で珍しい鳥を発見し、その鳥の種類を図鑑で調べ、丁寧に絵に描いて保育者に見せてくれた。「細かいところまでよく描けているね」という保育者の言葉が自信になり、鳥や花など自然物をよく観察し、絵に描き、まわりの友だちに伝えている。

自然の変化を、まわりに言葉で表現する

▼

散歩の途中で、自然の変化に敏感に気づき、「ピンク色の花が咲いていたね」「今日の雲は動きが速いね、どこに行くのかな？」など、まわりの友だちによく伝えている。それをきっかけに会話が広がることが多く、クラスのなかでムードメーカーの存在である。

自然物を人にあげるのが好き

▼

公園でどんぐりや落ち葉を見つけては、「これは、どんぐりがほしいと言った〇〇くんにあげよう」などと、友だちの言ったことや興味のあることを思い出し、だれにあげるかを考えている。渡したときの友だちの喜ぶ姿を見てうれしそうにしている。

植物の成長に関心をもつ

▼

年長組で栽培しているプチトマトや茄子(なす)の様子が気になり、毎日見に行く。葉っぱが増えたなど、植物の成長に気づき、その様子を保育者と友だちに伝えていた。

数量や図形、標識や文字などへの関心・感覚

数への興味・関心が高い
▼
数字に興味があり、製作時の材料を配るときは率先してグループの人数を数え、一人何個ずつになるかを考え伝えている。

小さい子どもに絵本を読む姿がある
▼
絵本が好きで、文字が少しずつ読めるようになってきた。年下の子どもに読んであげたりしている。

数詞に興味をもつ
▼
数詞がいろいろあることを知り、興味をもつ。新しい数詞を知ったときは友だちに伝えたり、なぜそのように数えるかを保育者に聞いたりと、興味を深めている。

お手紙ごっこを通して文字への関心を深める
▼
4歳児のときから絵を描いた手紙を友だちに渡していたが、文字に興味をもちだしてからは、「ありがとう」などとメッセージを書いて友だちに渡す姿がよくみられた。

お別れの手紙を書くことで文字に興味をもつ
▼
転園する仲のよい友だちに手紙を書きたいから字を教えてほしいと自分から言ってきた。考えた文章に沿って、ひらがなの書き方を一文字ずつ聞きながら、根気よく取り組んだ。

標識を覚え、遊びに取り入れる
▼
散歩の途中にある道路標識に興味をもち、標識の意味を保育者に聞いたり、紙に描いていた。それを遊びに取り入れることを思いつき、友だちと一緒に道路を作り、標識を立て、レースごっこを楽しんでいた。

生活のなかで時間を意識する
▼
几帳面な性格もあり、時間に対する意識が高い。時計もすぐに読めるようになり、まわりの友だちに「あと何分で片づけだよ」と教えることも多い。ただ、時間を気にしすぎるところもあるので、「今日は製作の時間がたくさんあるからゆっくりで大丈夫だよ」と活動を楽しめるような言葉をかけている。

言葉による伝え合い

言葉を使った遊びを楽しむ
▼
しりとりや逆さ言葉、ダジャレなどの言葉遊びが好きで、仲のよい友だちを誘って一緒に遊ぶ姿がよくみられる。

絵本の感想を伝えたり、イメージを膨らませる
▼
絵本の読み聞かせのあと、「あの雪景色きれいだったね」「きつねの毛がふさふさしていたね」「きつねはあのときどんな気持ちだったかな」など、絵本の感想や登場する動物の気持ちを想像して、保育者やまわりの友だちと話していた。

自分の言葉で最後まで話せるようになった
▼
話したいことをうまく言い表せず、途中で終わることが多かった。グループでの話し合いのときは本人があせらないように、「友だちの話を最後まで聞こうね」と子どもたちに伝え、最後まで話せたときはほめることで、自分なりに表現しようとする姿がみられた。

聞いたことを自分なりに理解しようとする
▼
わからないことを保育者などに聞き、教えてもらうと、「それは〇〇ということ?」と、内容を理解しようと自分なりに考え、言葉を選びながら確認をする。

絵本の内容を理解し、友だちに伝える
▼
自分で読んでおもしろかった絵本を友だちに見せ、「これはねこが出てくるお話なんだよ」「おもしろいよ」と内容を説明している。

困ったことを言葉で
伝えられるようになった

▼

困ったことがあっても、自分から伝えようとせず泣くことが多くかったが、保育者が「どうしたのかな？言葉で教えてね」と、言葉が発せられるのを待つことをくり返すことで、徐々に自分から思いを伝えるようになった。

まわりと話し合い、
よいものを作ろうとする

▼

夏祭りのおみこしづくりでは、役割分担をしようと呼びかけ、担当と名前の表を自分で書いて作成した。また、飾りの製作時は、「これはどうする？」とまわりに意見を求め、友だちの話に耳を傾け、「じゃあ、こうしようか」と意見をまとめていた。

相手の話を
聞けるようになった

▼

一人ずつの発表ではきちんと話せるが、グループでの話し合いでは友だちの話を聞かず、一方的に話すことが多かった。保育者が話を聞く手本を示すことで、相手にも話したいことや思いがあることに気づいていった。

物静かだが、
友だちの話をよく聞いている

▼

ふだんから口数は少ないが、友だちの話をよく聞いていて、「どうなったの？」などと質問をしたり、「それおもしろいね」と感想を言ったりする。穏やかな会話が落ち着くのか、クラスのみんながその子どもと話をしたがる。

もめごとを言葉で
解決しようとする

▼

一つしかないボール遊び用のコートで、ドッヂボールをやるかサッカーをやるかでもめていた。どちらも譲らず、なかなか決まらなかったが、「このままじゃ遊ぶ時間がなくなっちゃうから、じゃんけんで決めよう」と提案し、解決に導いていた。

わかりやすい言葉で伝える

▼

異年齢活動で、3歳児クラスの子どもとペアを組んで散歩に出かけたとき、わかりやすい言葉を選んで話しかけていた。

豊かな感性と表現

素材の違いなどを意識して表現する
▼
洋服に対する興味が強く、友だちの洋服を観察して絵を描く。色や柄だけでなく、素材にも注目して絵を描き、その内容をまわりの人に説明している。

音づくりを楽しむ
▼
合奏で様々な楽器に触れ、音を出す楽しさを感じた。身近なもので楽器を作れないかと考え、マラカスづくりでは中に入れるもので音に違いがあることに気づいたり、金属音のなかできれいな音色はどれかをいろいろと試していた。

いろいろな言葉で表現しようとする
▼
風の音や鳥の鳴き声など、感じたことを様々な言葉で表現しようとする。「今の鳥はキーキーかな？」「うーん、ギィギィーかな？」と口に出して、聞いた鳴き声により近い言葉にしようと考え工夫している。

せりふの言い方を工夫する
▼
発表会の練習では、友だちとせりふをどのように表現しようかと話し合い、声の大きさや言い方をいろいろと変えて熱心に取り組む姿があった。

イメージを膨らませて、遊びを楽しむ
▼
ブロック遊びでは「未来の街」を想定し、「宇宙人も一緒に住んでいるんだよ」「空を飛ぶ車があるよ」などとイメージを膨らませながら様々な建物や乗り物を作り、楽しんでいる。

場面に応じた言葉づかいができる
▼
高齢者施設との交流活動で、高齢者がお手玉やこま回しなどの昔遊びを教えてくれたとき、「ありがとう」ではなく「ありがとうございます」と言うなど、相手や場面に応じて言葉を選べるようになってきている。

気持ちを合わせて
合奏しようとする

▼

発表会の合奏では、みんなの音が一つになるように、友だちとテンポを確認し合ったり、練習以外の時間にも取り組んだりするなど熱心な姿がみられた。

絵の具の混ぜ具合で
色の違いを楽しむ

▼

絵の具の色や混ぜる量によって色の出方が違うことに気づく。少しずつ色や量を変えながら自分なりに試し、できた色の違いを一覧で示し、まわりに説明していた。

池に張った氷を見て、
感動を言葉にする

▼

散歩に出かけた先の公園の池に張った氷を見て、「ガラスみたい！」「きらきらしてきれい」と、感動を言葉で表現していた。

丁寧に表現をする

▼

色塗りがおおざっぱなことを友だちに指摘されてから、絵を描くことに苦手意識をもつ。芋ほりの経験画で移動の電車内の様子を丁寧に描いていたのをほめられたことが自信になり、以降、ものごとをよく見て丁寧に描いている。

見聞きしたものを
リアルに再現しようとする

▼

お店やさんごっこではラーメン屋になり、麺をゆでたり、器に入れてお客さんに出すなどの動きをリアルに再現しようとする姿がみられた。

第3章

子どもの育ちが
読み手に伝わる要録のポイント

要録の「指導上参考となる事項」「保育の展開と子どもの育ち」の
実例です。 書き方のポイントと合わせて紹介します。

初めてのことに不安感が強く、慎重にかかわる

N の保育の経過記録から

N の姿

入園してしばらくは泣いて登園するなど母親と離れることに不安を感じており、友だちの遊びも遠巻きに眺めているだけだった。園の生活に慣れ自信がつくとともに、徐々に自分の好きな遊びに取り組むようになってきた。

指導の過程

保育者に親しみをもち、安心して過ごせるよう、お気に入りの遊びを一緒にしたり困ったときには助けてもらえることを知らせたりした。本人のペースを大切に、気持ちに寄り添うようにした。

要録

ふりがな		指導の重点等	平成　　年度
氏名			(学年の重点) ・幼稚園の環境に親しむ。 ・自分の思いを様々な方法で表現する。
性別	平成　年　月　日生		(個人の重点) ・保育者を支えにしながら、幼稚園の環境や友だちにかかわって遊ぶ楽しさを味わう。

	ねらい （発達を捉える視点）		
健康	明るく伸び伸びと行動し、充実感を味わう。	指導上参考となる事項	・入園当初は、母親と離れることや初めて見るものなどに不安を感じ、泣いて過ごすことが多く、特に自分の思う通りにものごとが進まないと不安な気持ちになり、我を忘れて泣く様子もみられた。まずは、安心して過ごすことや保育者に親しみを感じることが大切であると考え、本人の気持ちに寄り添いながら自分のペースで動き出せるようにと、大好きな歌や手遊びを通して楽しい気持ちになれるように、また、遊んでいる姿を見ることで安心して遊び出せるように、と配慮してきたところ、次第に安心や親しみを感じ、保育者のまねをして遊んだり会話を楽しんだりするようになった。12月ごろには、友だちのおもしろそうな遊びに興味をもち自分もやってみたいとまねする姿がみられた。そこで、同じ物を手にしたり友だちの遊びのなかに入ったりできるようにと援助をくり返してきたところ、友だちと一緒に遊ぶ心地よさを感じ、関心のある友だちに自分からかかわろうとする姿がみられるようになった。 ・初めてのもの・活動へのかかわり方が慎重で、初めのうちは「やらない」と言って遊びの様子を見ていることが多かった。そのため、保育者がやって見せたり遊びのなかで作ったものを渡したりして、一つひとつの遊びを知らせるようにしてきた。 ・花びらや木の実の色水遊びでは、保育者が作った色水の鮮やかさに興味をもち自分でもやってみたい思いを抱き、くり返しかかわる姿がみられた。自分で作る楽しさも感じるようになり、セロハンテープで色画用紙片をつなぎ、できたものを見立てたりティアラとして身につけたりして、イメージをわかせたり自分なりに作ることに喜びを感じたりしていたため、自分で作ることの満足感や自信がもてるように、扱いやすい素材や道具を準備したり自分で作った喜びに共感しながらかかわってきた。後半には、遊びに必要なもの作ろうとしたり、作り方を友だちに聞きながら自分なりに工夫して作ったりする姿もみられた。
	自分の体を十分に動かし、進んで運動しようとする。		
	健康、安全な生活に必要な習慣や態度を身に付け、見通しをもって行動する。		
人間関係	幼稚園生活を楽しみ、自分の力で行動することの充実感を味わう。		
	身近な人と親しみ、関わりを深め、工夫したり、協力したりして一緒に活動する楽しさを味わい、愛情や信頼感をもつ。		
	社会生活における望ましい習慣や態度を身に付ける。		
環境	身近な環境に親しみ、自然と触れ合う中で様々な事象に興味や関心をもつ。		
	身近な環境に自分から関わり、発見を楽しんだり、考えたりし、それを生活に取り入れようとする。		
	身近な事象を見たり、考えたり、扱ったりする中で、物の性質や数量、文字などに対する感覚を豊かにする。		
言葉	自分の気持ちを言葉で表現する楽しさを味わう。		
	人の言葉や話などをよく聞き、自分の経験したことや考えたことを話し、伝え合う喜びを味わう。		
	日常生活に必要な言葉が分かるようになるとともに、絵本や物語などに親しみ、言葉に対する感覚を豊かにし、先生や友達と心を通わせる。		
表現	いろいろなものの美しさなどに対する豊かな感性をもつ。		
	感じたことや考えたことを自分なりに表現して楽しむ。		
	生活の中でイメージを豊かにし、様々な表現を楽しむ。		

出欠		年度	備考

❶ 文章は、短く簡潔に

指導してきたことを並列でたくさん盛り込み過ぎると、「何のために」が曖昧になり、その目的が伝わりにくくなります。

文例

安心して過ごすことが大切であると考え、本人の気持ちに寄り添い自分のペースで動き出せるようにした。好きな歌や手遊びを通して楽しい気持ちになるよう心がけ、自分から遊び出すタイミングに配慮した。

❷ 指導の過程が伝わるように

「保育者に親しみ」を感じたので「安心」して過ごすようになったという流れにしたほうが、次の指導者に指導の過程を理解してもらえそうです。

文例

次第に保育者に親しみを感じ、保育者のまねをしたり会話を楽しんだりするようになり、安心して過ごすようになった。

❸ 「Ｎらしさ」をよく捉えている

「初めてのもの・活動へのかかわり方が慎重で」という姿は一見マイナスに見えるかもしれませんが、そうではなくＮなりに周りの状況を理解しようとする姿です。「一つひとつの遊びを知らせる」という丁寧な指導が、確実にＮらしさを発揮しながら自分の世界を広げていくと思います。そのことを強調するために「おもしろさ」を入れると、さらによいと思います。

文例

一つひとつの遊びのおもしろさを知らせるようにしてきた。

❹ 子どもの姿とその指導、目的を書き分ける

子どもが育ってきている姿と具体的な指導、さらにその目的は、意識して書き分けると、次の指導者に何をしたらよいかが伝わります。

文例

自分で作る楽しさも感じるようになり、セロハンテープで色画用紙片をつなぎ、できたものをティアラと見立てて身につけたりして、イメージをわかせたり自分なりに作ることに喜びを感じるようになってきた。そこで、扱いやすい素材や道具を準備したり、自分で作った喜びに共感したりして、自分で作ることの満足感や自信がもてるようにした。

泣くことで自分の思いを表現していた

M の保育の経過記録から

M の姿

入園3年目になっても登園時に泣くことが続いている。友だちと一緒に遊んだり、ものの貸し借りをすることはまだむずかしい。いやなことがあると泣いて保育者に訴える。

指導の過程

一人で遊びたいという気持ちを尊重しながらも、興味をもてそうな遊びに誘い、少しずつみんなで遊ぶことの楽しさに気づいていった。家庭と連携し、親子で遊ぶ時間も増やしてほしいと伝えた。

要録

ふりがな		指導の重点等	平成　　年度
氏名	平成　　年　　月　　日生		(学年の重点) • 保育者や友だちと一緒に遊ぶなかで、自分のしたいこと、言いたいことを言葉や行動で表現する。 • 生活の見通しをもって、身のまわりのことをしようとする。
性別			(個人の重点) • 友だちと一緒に同じ遊びをする楽しさを感じ、友だちとのかかわりが深まるようになる。 • 様々なことに好奇心をもって、自分の思いをのびのびと表現する喜びを感じられるようになる。

	ねらい (発達を捉える視点)		
健康	明るく伸び伸びと行動し、充実感を味わう。	指導上参考となる事項	• ブロックを自分一人で作って遊びたい、という思いが強く、近くに友だちが座って同じ遊びをすることを嫌がっていた。 ① • 園庭でのMは、友だちから声をかけてもらいたい、一緒に遊びたいという気持ちが芽生えてきているので、だれも声をかけてくれないときは、自分から寄っていって遊んでいる。 ② そこで、園庭ではできるだけ集団遊びをして友だちとかかわって遊べる機会を増やした。 • ルールが理解できないと、パニックになって座り込んだままで泣いていることが多かったが、③ 友だちの遊んでいる様子を見て、気持ちを切り替えて遊びに入れるようになってきた。 • 嫌なことがあると泣き、しばらくして落ち着くと集団に戻る、のくり返しのなかで、④ いつでも友だちが受け入れてくれる安心感から、徐々に気持ちを切り替えられるようになってきた。また、相手の思いにも気づけるようになってきた。 • 自分が興味をもてる遊びを探求する姿があるので、保育者が個別につき添うことで、遊びのおもしろさに気づかせていきたい。
	自分の体を十分に動かし、進んで運動しようとする。		
	健康、安全な生活に必要な習慣や態度を身に付け、見通しをもって行動する。		
人間関係	幼保連携型認定こども園の生活を楽しみ、自分の力で行動することの充実感を味わう。		
	身近な人と親しみ、関わりを深め、工夫したり、協力したりして一緒に活動する楽しさを味わい、愛情や信頼感をもつ。		
	社会生活における望ましい習慣や態度を身に付ける。		
環境	身近な環境に親しみ、自然と触れ合う中で様々な事象に興味や関心をもつ。		
	身近な環境に自分から関わり、発見を楽しんだり、考えたりし、それを生活に取り入れようとする。		
	身近な事象を見たり、考えたり、扱ったりする中で、物の性質や数量、文字などに対する感覚を豊かにする。		
言葉	自分の気持ちを言葉で表現する楽しさを味わう。		
	人の言葉や話などをよく聞き、自分の経験したことや考えたことを話し、伝え合う喜びを味わう。		
	日常生活に必要な言葉が分かるようになるとともに、絵本や物語などに親しみ、言葉に対する感覚を豊かにし、保育教諭等や友達と心を通わせる。		
表現	いろいろなものの美しさなどに対する豊かな感性をもつ。		
	感じたことや考えたことを自分なりに表現して楽しむ。		(特に配慮すべき事項)
	生活の中でイメージを豊かにし、様々な表現を楽しむ。		
出欠状況	年度		
	教育日数		
	出席日数		

1 マイナスな表現は
できるだけ避ける

その子のマイナスな点をクローズアップして書く必要はありません。できるだけプラスにとらえて書くことが大切です。

文例

ブロックを好み、一人でコツコツと工夫している姿がみられる。

2 「育ちつつある姿」を
見逃さない

自分から友だちのなかに入っていくようになってきたという、育ちつつある姿を見逃さないようにしましょう。

文例

友だちと一緒に遊びたい気持ちが芽生え、自分から友だちのなかに入って遊ぼうとする姿が育ちつつある。

3 強すぎる表現は避ける

「パニック」などの言葉は、その子に悪いイメージを抱くことにつながるので避けるようにします。

文例

泣くことで自分の気持ちを表現してきた。

4 発達の過程に着目する

泣いている姿だけではなく、徐々に気持ちを切り替えられるようになってきた過程を書きます。

文例

友だちとのかかわり方がわからず泣くこともあったが、いつでも友だちが受け入れてくれる安心感から、徐々に気持ちを切り替えられるようになり、落ち着いてかかわれるようになった。

こだわりがあり、気持ちが先立っていた

H の保育の経過記録から

H の姿

こだわりが強く、うまくいかないことがあると手を出すことで思いを表現する。発想が豊かで自分から遊びをつくりだす力があるが、そこに友だちがかかわることはまだ望んでいない。

指導の過程

Hのこだわりを受け止めながら、Hが安心して自分の遊びができるようにしていった。Hのよさを友だちが認められるような機会を通して、少しずつ友だちとの接点をつくっていった。

要録

ふりがな			平成　年度
氏名		指導の重点等	(学年の重点) • 友だちのなかで、様々な遊びの楽しさを経験する。
	平成　年　月　日生		
性別			(個人の重点) • 自分の思いを言葉で伝え、友だちとかかわりながら遊びを楽しむ。

	ねらい (発達を捉える視点)		
健康	明るく伸び伸びと行動し、充実感を味わう。	指導上参考となる事項	• こだわりが強く自分の遊びを邪魔されたり、事が思い通りにいかなかったりすると友だちに手が出てしまうことがあった。保育者は、本人の思いを十分に受け止めながら、友だちの思いや行動の理由を言葉にして伝えたり、自分の思いを表現する方法を知らせたりしてきたところ、次第に表情が穏やかになり安心して自分のやりたい遊びができるようになった。また友だちとのかかわりのなかで思いが通らないようなときも、じっくりと相手の様子を見て考え自分のなかで気持ちを整理しようとしている姿がみられた。保育者に伝えられるようになり、手が出ることは減ってきているが、まだ手が出てしまうことがある。しかし、話を聞くと後悔している姿がみられるので、引き続き気を配り、気持ちを言葉で表現することをくり返し伝えることが必要である。 • 自分から「○○を作りたいから、○○が欲しい」と保育者に伝えにくることも多くなり、ものを介して自分の遊びを豊かにしていくようになってきた。一方で、自分とものとの世界に友だちが交ることはなくひたすら作ることが続いた。豊かなイメージやイメージを形にしていく姿を友だちにも知ってほしいという保育者の願いもあり、遊びの場をあえて友だちの見える場所にする等、友だちとの接点ができるようにしてきた。すると、少しずつ友だちのまねをしたり、自分の遊びを友だちに知らせたりするようになった。友だちに認められる経験を重ね、友だちを感じられるようにしてきたので、今後も引き続き見守ってほしい。
	自分の体を十分に動かし、進んで運動しようとする。		
	健康、安全な生活に必要な習慣や態度を身に付け、見通しをもって行動する。		
人間関係	幼稚園生活を楽しみ、自分の力で行動することの充実感を味わう。		
	身近な人と親しみ、関わりを深め、工夫したり、協力したりして一緒に活動する楽しさを味わい、愛情や信頼感をもつ。		
	社会生活における望ましい習慣や態度を身に付ける。		
環境	身近な環境に親しみ、自然と触れ合う中で様々な事象に興味や関心をもつ。		
	身近な環境に自分から関わり、発見を楽しんだり、考えたりし、それを生活に取り入れようとする。		
	身近な事象を見たり、考えたり、扱ったりする中で、物の性質や数量、文字などに対する感覚を豊かにする。		
言葉	自分の気持ちを言葉で表現する楽しさを味わう。		
	人の言葉や話などをよく聞き、自分の経験したことや考えたことを話し、伝え合う喜びを味わう。		
	日常生活に必要な言葉が分かるようになるとともに、絵本や物語などに親しみ、言葉に対する感覚を豊かにし、先生や友達と心を通わせる。		
表現	いろいろなものの美しさなどに対する豊かな感性をもつ。		
	感じたことや考えたことを自分なりに表現して楽しむ。		
	生活の中でイメージを豊かにし、様々な表現を楽しむ。		
出欠状況	年度	備考	

① Hらしさが現れるように

「こだわり」や「手が出てしまう」という表現は、誤解をまねくことがあります。Hが何に夢中になるかを書きます。

文例

「こうしたい」という思いがあって遊びに夢中になっているので、邪魔をされると、友だちに抵抗する姿や葛藤する姿がみられる。

② まだ発達の過程にあることを伝える

その子が自分なりに努力している様子を加筆し、発達の過程にあることを伝えます。

文例

相手が仲よしの友だちであれば、時折、じっくりと相手の様子を見て考え自分のなかで気持ちを整理しようとしている姿がみられた。

③ だれにでもわかる表現に

「友だちを感じられる」は幼児の視点に立った深い表現ですが、要録はだれにでも伝わる表現であることも大切です。

「見守る」を多用しない

この場合、「見守る」というよりは、「接点をつくる」ことに重きがあるように思います。

文例

友だちや友だちの遊びへの関心も芽生えてきたので、今後も引き続き友だちとの接点をつくる場を確保してほしい。

自分の気づきを友だちにも通そうとしていた

Sの保育の経過記録から

Sの姿

世話好きで、友だちに頼られることを喜ぶ。やりすぎてけんかになることもある。好奇心が旺盛で、興味をもったことには熱心に取り組む。

指導の過程

友だちとトラブルになることもあるが、友だちの思いにも気づけるように仲立ちをした。興味をもって取り組んでいるものごとについては、友だちの前で披露する機会をつくり、さらに意欲を高められるようにした。

要録

ふりがな		指導の重点等	平成　　年度
氏名	平成　年　月　日生		(学年の重点) • 保育者や友だちと一緒に遊びながら、つながりを広げ、共通の目的をもって遊びを進めたり、工夫する楽しさを味わう。 • 自分の思いや考えを友だちと伝え合い、互いの意見を認めながら、一緒に過ごす楽しさを味わう。
性別			(個人の重点) • ときには思いが違ったりするが、様々な機会を通して友だちと触れ合い、一緒に遊ぶ楽しさを味わう。 • 身近な自然の事象に興味や関心をもち、発見を楽しんだり、考えたりしながら生活に取り入れる。

| | ねらい
(発達を捉える視点) | | |

		指導上参考となる事項	
健康	明るく伸び伸びと行動し、充実感を味わう。		• 園庭で色水遊びや泥団子づくりに興味があり、よく遊んでいる。思ったようにうまくつくれないときもあきらめないで、水の量を減らしたり、すり鉢で混ぜるのをやめて棒で叩いたりなど方法を変えている。 ①
	自分の体を十分に動かし、進んで運動しようとする。		
	健康、安全な生活に必要な習慣や態度を身に付け、見通しをもって行動する。		• 自分の好きな遊びを友だちと一緒にやりたい、知っていることを教えてあげたい、という思いがある。 ②
人間関係	幼保連携型認定こども園の生活を楽しみ、自分の力で行動することの充実感を味わう。		• 5歳児が遊んでいるけん玉やコマに興味をもち、5歳児が遊んでいるそばでじっと見ていたり糸の巻き方を教えてもらったりしていた。家でも父親と練習をしていた。上手になったけん玉を「集会で見せてあげたら」と担任が伝えると、喜んでみんなに披露してくれた。これがきっかけでけん玉やコマをやってみたい友だちが増え、Sに何度もお手本を見せてもらったり、コツを教えてもらったりした。 ③
	身近な人と親しみ、関わりを深め、工夫したり、協力したりして一緒に活動する楽しさを味わい、愛情や信頼感をもつ。		
	社会生活における望ましい習慣や態度を身に付ける。		
環境	身近な環境に親しみ、自然と触れ合う中で様々な事象に興味や関心をもつ。		• 自分の考えをしっかりもっているのがSのよさであるが、それを押し通そうとすることでトラブルの原因にもなっている。そこで「Sちゃんは友だちのお手伝いをしてあげたいと思っていても、けんかになることがあったね、それはなぜ?」と聞くと、「お手伝いしてもらわなくても自分でできることがあるから」と答えることができた。 ④
	身近な環境に自分から関わり、発見を楽しんだり、考えたりし、それを生活に取り入れようとする。		
	身近な事象を見たり、考えたり、扱ったりする中で、物の性質や数量、文字などに対する感覚を豊かにする。		
言葉	自分の気持ちを言葉で表現する楽しさを味わう。		
	人の言葉や話などをよく聞き、自分の経験したことや考えたことを話し、伝え合う喜びを味わう。		
	日常生活に必要な言葉が分かるようになるとともに、絵本や物語などに親しみ、言葉に対する感覚を豊かにし、保育教諭等や友達と心を通わせる。		
表現	いろいろなものの美しさなどに対する豊かな感性をもつ。		
	感じたことや考えたことを自分なりに表現して楽しむ。		(特に配慮すべき事項)
	生活の中でイメージを豊かにし、様々な表現を楽しむ。		

出欠状況		年度
	教育日数	
	出席日数	

1 ３つの資質・能力の視点で振り返る

子どもの活動の姿は、５領域を通してとらえ、３つの資質・能力の視点で振り返ることが大切です。「試す」「気づく」などの言葉を用いることで、その活動が意味あるものとして伝わります。

文例

色水遊びや泥団子づくりを通して、いろいろと試したり、不思議さや色に気づいたりする姿がみられる。

2 具体的な姿がみえるように

なぜそのような思いがあるとわかったのか、具体的な姿を書きます。

文例

友だちと一緒に工夫しながら楽しむ姿から、自分の好きなあそびを一緒にやりたい、知っていることを教えたいという思いが生まれていることがわかる。

3 子どもの思いが表れるように

「うまくできるようになりたい」という子どもの思いを書きます。

文例

じっと見ながら、どうすればうまくできるか自分なりに考え、糸の巻き方を聞いたりするなど工夫する姿がみられた。

4 育ちつつある姿をとらえる

保育者と子どもとの会話を通して見えてきた、その子どもの内面に育ちつつある姿を具体的に書きます。

文例

保育者が相手の思いはどうなのか尋ねることによって、自分の考えと友だちの思いが一緒ではないことに気づき、自分なりに折り合いをつけるようになってきた。

幼稚園 5歳児

粘り強くものごとに取り組む傾向がある

Uの保育の経過記録から

Uの姿

進級当初は、仲のよい友だちに合わせて行動することが多かった。一方で、自分のやりたいことには一人で黙々と取り組む心の強さがある。

指導の過程

Uが張り切って取り組んでいることを認め、クラスにも広めることでUが達成感を味わえるようにした。クラスのなかでUの存在を意識してつくる場面を感じる場面を多く感じることで、自信がもてるようにした。

要録

	平成　年度	平成　年度
氏名　　平成　年　月　日生		
性別		

指導の重点等

（学年の重点）
- 目的に向かって、様々な工夫をしながら活動に取り組む。
- 友だちと思いを伝え合いながら、一緒に活動する。

（個人の重点）
- 保育者を支えに様々な素材の経験をしながら、目的に向かって自分のやりたいことを表現する喜びを味わう。

ねらい（発達を捉える視点）

健康
- 明るく伸び伸びと行動し、充実感を味わう。
- 自分の体を十分に動かし、進んで運動しようとする。
- 健康、安全な生活に必要な習慣や態度を身に付け、見通しをもって行動する。

人間関係
- 幼稚園生活を楽しみ、自分の力で行動することの充実感を味わう。
- 身近な人と親しみ、関わりを深め、工夫したり、協力したりして一緒に活動する楽しさを味わい、愛情や信頼感をもつ。
- 社会生活における望ましい習慣や態度を身に付ける。

環境
- 身近な環境に親しみ、自然と触れ合い、様々な事象に興味や関心をもつ。
- 身近な環境に自分から関わり、発見を楽しんだり、考えたりし、それを生活に取り入れようとする。
- 身近な事象を見たり、考えたり、扱ったりするなかで、物の性質や数量、文字などに対する感覚を豊かにする。

言葉
- 自分の気持ちを言葉で表現する楽しさを味わう。
- 人の言葉や話などをよく聞き、自分の経験したことや考えたことを話し、伝え合う喜びを味わう。
- 日常生活に必要な言葉が分かるようになるとともに、絵本や物語などに親しみ、言葉に対する感覚を豊かにし、先生や友達と心を通わせる。

表現
- いろいろなものの美しさなどに対する豊かな感性をもつ。
- 感じたことや考えたことを自分なりに表現して楽しむ。
- 生活の中でイメージを豊かにし、様々な表現を楽しむ。

指導上参考となる事項

• 年度当初は、4歳児クラスのときに仲のよかった友だちに合わせて活動することが多かったが、モザイクや革細工などの新しい素材の作品づくりなどでは、並べたり組み合わせたりするなかで自分のやりたいことがはっきりしてくると、友だちに左右されずに黙々と取り組むようになった。①

• 運動会に向かう活動では、退場門や障害走の設計図を家で書いてくるなど、活動全体を視野に入れて自分のやりたいことを見つけ、張り切って取り組んでいた。Uのしていることをクラスに広めながら運動会に位置づけていくことで達成感を味わえるようにし、その存在感を感じる場面をつくっていくことで、自信をもって自分の思いを表現するようになった。②

• 毛糸の指編みに関心をもつと、できるようになるまで何度も挑戦しくり返し取り組むことができた。③

• 全園児の会食会を年長組で企画したときには、テーブルの上の飾りを指導者の提案を受けてその準備に取りかかっていたので、全テーブル分の飾りを期日までに間に合うように作れるよう、保育者も一緒にカレンダーを使ったり、個数を確認したりするなど、目的に向かって準備できるようにした。毎日こつこつと作り上げることができ、遊戯室での会食会に飾りつけをし、保育者や園児のみんなに喜んでもらえたことでさらに自信につながった。④

• 自分の思いが先走ってしまうこともあるので、Uの思いを受け止めながら、学級全体に投げかけができた。入学当初も必要な援助であると考えている。⑤

備考

	年度	
		組

74

1 具体的な活動の姿を

Uの興味や関心の広がりとともに、活動する姿が変化してきていることを伝えましょう。

文例

友だちに左右されずに、Uなりに多様なイメージを膨らませながら活動することを楽しむようになった。

2 5歳児としての姿を具体的に

「活動全体を視野に入れて」の部分は、5歳児としてのどのような姿を指しているのかを具体的に書きます。

文例

運動会までに準備することなども含め活動全体を視野に入れながら、自分ができることを考え見通しをもって活動する姿が育ちつつある。

3 内面の育ちがみえるように

具体的な活動の姿だけではなく、その内面に育ってきていることも書きましょう。

文例

毛糸の指編みに関心をもつと、できるようになるまで何度も挑戦しくり返し努力する姿がみられるようになり、粘り強く最後までがんばる力が育ちつつある。

4 保育者の具体的な手立てがみえる

目標を立てて取り組むことができるようになるための保育者の具体的な手立てが書かれています。単に子どもの活動に任せるのではなく、保育者の配慮の行き届いた援助のもとで幼児に任せることが、「自信をもつ」ことにつながっています。

5 「なぜ」の説明を

「なぜ先走ってしまうのか」「先走るとはどのようなことなのか」をもう少し説明するとUらしさが伝わります。

文例

「こうしたい」と自分で考え行動する姿が育ちつつあり、Uの主体的にものごとに取り組む姿を受け止めながら学級全体に投げかけるようにしてきた。入学当初も必要な援助であると考えている。

まわりをよく見て動いていく

Kの保育の経過記録から

Kの姿

特定の友だち以外と過ごすごとで安心し、一人になると自ら遊びに参加できない姿があったが、長縄跳びなどを通して自分に自信がもてるようになると、自らまわりの友だちにかかわれるようになった。

指導の過程

興味をもてそうな遊びに誘い、ほかの友だちともかかわる機会をつくりながら、Kの思慮深さや粘り強さを、友だちのなかで表現できるようにしていった。

要録

ふりがな			指導の重点等	平成　年度
氏名				(学年の重点) ・自分なりの課題をもち、目標に向かって取り組む。 ・友だちとイメージを共有し、遊びを進める。
	平成　年　月　日生			
性別				(個人の重点) ・自分に自信をもち、友だちの輪を広げ、さまざまなことに挑戦する。

	ねらい (発達を捉える視点)		指導上参考となる事項	
健康	明るく伸び伸びと行動し、充実感を味わう。			・進級時、Aのそばにいて安心する姿があり、彼がいないところでは慎重な様子を見せ、ほかの友だちと遊ぶよりは、保育者とともに過ごすことが多くみられた。① Kがよく楽しんでいる長縄跳びを通じて、興味・関心の近い女児との関係ができるのではないかと考え、Kを長縄跳びへと誘った。長縄跳びができるようになるまで、諦めずに挑戦する姿があり粘り強い力を見せた。跳べるようになったことはKの自信につながり、自分から遊びに参加したり、女児とのかかわりも増えていった。② 自信をもてると、クラス全体の話し合いのなかでも、意見を出せるようになってきた。3学期になり、生活発表会で行う劇の内容を話し合った際には、保育者の話を理解し、自分たちが実際にできそうか頭のなかでイメージしてから、具体的な案を出す姿があった。話の芯をとらえ、自分なりに考え、言葉にする力があることもKの強みである。 ・新しい環境と人間関係のなかで、Kが本来の姿を出せるようになるまで、時間がかかることが予想される。細かいところまできちんとしていたい思いや、失敗しないようにしたい思いから、自分を守るように慎重になるところがある。何か活動のなかで友だちとかかわることで、徐々に友だちを信頼し、友だちの輪も広がってくると思う。Kと友だちとのかかわりを丁寧に見てほしい。③
	自分の体を十分に動かし、進んで運動しようとする。			
	健康、安全な生活に必要な習慣や態度を身に付け、見通しをもって行動する。			
人間関係	幼稚園生活を楽しみ、自分の力で行動することの充実感を味わう。			
	身近な人と親しみ、関わりを深め、工夫したり、協力したりして一緒に活動する楽しさを味わい、愛情や信頼感をもつ。			
	社会生活における望ましい習慣や態度を身に付ける。			
環境	身近な環境に親しみ、自然と触れ合う中で様々な事象に興味や関心をもつ。			
	身近な環境に自分から関わり、発見を楽しんだり、考えたりし、それを生活に取り入れようとする。			
	身近な事象を見たり、考えたり、扱ったりする中で、物の性質や数量、文字などに対する感覚を豊かにする。			
言葉	自分の気持ちを言葉で表現する楽しさを味わう。			
	人の言葉や話などをよく聞き、自分の経験したことや考えたことを話し、伝え合う喜びを味わう。			
	日常生活に必要な言葉が分かるようになるとともに、絵本や物語などに親しみ、言葉に対する感覚を豊かにし、先生や友達と心を通わせる。			
表現	いろいろなものの美しさなどに対する豊かな感性をもつ。			
	感じたことや考えたことを自分なりに表現して楽しむ。			
	生活の中でイメージを豊かにし、様々な表現を楽しむ。			

出欠		年度	備考

① 発達上の課題をおさえる

子どもの発達する姿は一人ひとり異なっており、それぞれの発達の実態をとらえて書くことが大切です。そのうえで、保育者がどのような支援を行いその結果どのような育ちがみられたのかということについてその過程を書きます。小学校での支援の方向性を示すことで、Ｋへの指導の連続性が保たれることになります。

文例

進級時、安心して遊んだり、過ごしていける居場所が見つからないことから、仲のよいＡ以外の友だちとは遊ばず、Ａがいないときには保育者とともに過ごすことが多くみられた。

② 発達の過程を追いかける

子どもの発達の課題をどのようにとらえ、その発達の課題を子どもが自ら乗り越えていくにはどのような支援が必要だと考えたかを、①と②のつなぎに1文加えます。
②の文は、発達の課題をどうとらえたか⇒どのような支援を行ってきたか⇒その結果どういう姿になったか⇒今後Ｋのよさを伸ばしていくにはどのような支援が必要か、という流れで記述されておりとてもよいです。

文例 ❶と❷の文の間に加える文例

そこで、相手の存在を感じつつ同じ場で同じような感情をもつことを体験してほしい。また、多くの友だちと一緒に様々な体験を重ねていくことを通して、心を動かす出来事を友だちと共有しともに過ごすことの喜びを味あわせたいと思い、（Ｋが…に続く）

③ 小学校入学後に必要な支援が伝わるように

小学校入学後の必要な支援について、特に大切にしてほしいことは漠然と伝えても十分には伝わりません。小学校で想定される具体的な場面などを取り上げながら記述すると、より具体的な支援の参考となります。

文例 「…広がってくると思う」と「Ｋと友だちとの…」の間に加える文例

係活動や班学習等の場を通して、安心して自分の思いや意思を表現できる場の設定が必要である。また、友だちと互いの考えを出し合ってよりよいものになるように工夫したり、一緒に活動する楽しさを味わう体験を重ねながら、かかわりを深める場の設定も大切である。

思いが先立ち、通そうとする傾向がある

M の保育の経過記録から

M の姿

体を動かす遊びを好み、友だちをリードしたい、負けることはしたくないという思いが強い。自分の気持ちを言葉で表現することは苦手である。

指導の過程

相手の気持ちに気づかせるような言葉かけとともに、自分の気持ちを言葉で表現する機会を多くつくった。また、手先を使うなど苦手な作業にも少しずつ取り組ませ、「できた」という自信をもたせるようにした。

要録

ふりがな		平成　　年度
氏名　平成　年　月　日生	指導の重点等	(学年の重点) ・自分の力やよさを発揮しながら友だちと力を合わせて遊びや生活を進め、充実感を味わう。
性別		(個人の重点) ・自分の思いを言葉で伝えたり友だちの思いに気づいたりし、友だちと思いや考えを伝え合いながら遊びや生活を一緒に進める楽しさを味わう。

ねらい (発達を捉える視点)		指導上参考となる事項
健康	明るく伸び伸びと行動し、充実感を味わう。 自分の体を十分に動かし、進んで運動しようとする。 健康、安全な生活に必要な習慣や態度を身に付け、見通しをもって行動する。	・進級当初は、体格も大きく運動遊びをよく好み、その動きが友だちには魅力的であったため、Mのもとに他児が集まり、先頭に立って遊ぶようになる。次第に自分の思いを通そうとするようになると、友だちがつまらなさを感じ、2学期前半には、Mから離れ、M自身も一人でつまらない思いをする時期があった。❶❷ その後、学級でのリレーなどで、自分の思いが通らない体験をしたことで、友だちの思いに気づき、友だちと遊ぶ楽しさ、友だちと相談してルールに沿って自分の力を出す楽しさを味わえるようになる。 ・学級での絵画製作活動では、やることは理解していても手先の不器用さもあり、特に絵画はなかなか取り組めずにいた。保育者が個別にかかわり、Mの思いやイメージを根気強く引き出したり、それが実現する方法を具体的に知らせたり手を添えたりしてきた。❸ 3学期になり、友だち関係が深まり、またすぐにできないことでも諦めずに取り組むおもしろさを感じるようになって、友だちの様子を見たり保育者や友だちに援助を求めたりしながら、取り組むようになる。言葉や絵画製作等での表現は、少しずつ自分から取り組むようになってきている。しかし、まだまだ苦手意識があるので、寄り添い認めながら思いが出せる、伝わるような援助が引き続き必要である。❹
人間関係	幼稚園生活を楽しみ、自分の力で行動することの充実感を味わう。 身近な人と親しみ、関わりを深め、工夫したり、協力したりして一緒に活動する楽しさを味わい、愛情や信頼感をもつ。 社会生活における望ましい習慣や態度を身に付ける。	
環境	身近な環境に親しみ、自然と触れ合う中で様々な事象に興味や関心をもつ。 身近な環境に自分から関わり、発見を楽しんだり、考えたりし、それを生活に取り入れようとする。 身近な事象を見たり、考えたり、扱ったりする中で、物の性質や数量、文字などに対する感覚を豊かにする。	
言葉	自分の気持ちを言葉で表現する楽しさを味わう。 人の言葉や話などをよく聞き、自分の経験したことや考えたことを話し、伝え合う喜びを味わう。 日常生活に必要な言葉が分かるようになるとともに、絵本や物語などに親しみ、言葉に対する感覚を豊かにし、先生や友達と心を通わせる。	
表現	いろいろなものの美しさなどに対する豊かな感性をもつ。 感じたことや考えたことを自分なりに表現して楽しむ。 生活の中でイメージを豊かにし、様々な表現を楽しむ。	
出欠	年度 出席日数	備考

1 一定期間をとらえ、変化を書いている

「進級当初」から「2学期前半」までの一定期間をとらえ、Mと友だちとのかかわりを通して、Mの育ちにどのような変化がみられたか、その結果、どのような力がはぐくまれてきたか等について書かれており、成長の過程がわかります。

2 保育者の行ってきた指導を加える

Mの成長の過程において保育者がどのような指導を行ってきたのかについて加えると、小学校における指導の際の参考になります。

文例 「したことで」と「友だちの思いに気づき」の間に加える文例

トラブルの際には、相手の気持ちを丁寧に伝えるなどしてきた。その結果…

3 苦手なことを克服してきた過程を書く

苦手なことでも、保育者や友だちとのかかわりのなかで成長してきたことがわかるように書かれています。また、保育者がどのように、Mの育ちを支援してきたかということもわかります。
Mは不器用であると記載しています。表現活動が苦手な理由はいろいろ考えられるので、その理由や支援を具体的に記述するよう心がけましょう。

文例

自分が体験したことやイメージしたことを、絵や製作でどのように表現したらいいかわからなかった。特に絵画はなかなか取り組めずにいた。
まずは、声や動作など、様々な手段で補ったりしながら自分の気持ちを表したり伝えようとすることを大切にし、何に心を動かし何を表現しようとしているかを受け止めた。

4 引き続き指導してほしいことが伝わるように

子どもたちは幼児期の育まれた力を、さらに小学校段階で高めていくこととなります。そこで、小学校入学後も継続して指導の必要なことについては、指導にあたる小学校の教員が指導の手掛かりとなるような記述を心がけましょう。

自分から主張することが少ない

Sの保育の経過記録から

Sの姿

進級当初は、友だちの後ろをついてまわり、近くにいることで一緒に遊んでいるつもりになり満足していた。新しい環境では緊張しがちだが、じっくり考えながら着実に進めていきたい子どもである。

指導の過程

進級当初は、無理に遊びに誘わず、安心して過ごせるようになるまで見守った。得意なことを通して、達成感を味わう経験を積み重ねていくことで、自信をもって自分を表現できるようにしていった。

要録

ふりがな		平成　　年度
氏名	指導の重点等	**(学年の重点)** ・目的に向かって、様々な工夫をしながら活動に取り組む。 ・友だちと思いを伝え合いながら、一緒に活動する。
平成　年　月　日生		**(個人の重点)** ・一つひとつの活動を通して達成感を味わうことで自信をもって自分を表現する。
性別		

ねらい （発達を捉える視点）		指導上参考となる事項
健康	明るく伸び伸びと行動し、充実感を味わう。	・進級当初は，新しい環境や保育者への緊張感が高かった。友だちの遊んでいる様子を見ていたり、近くにいたりすることで、安心して遊び出しているようだったので、直接的なかかわりはせずに、楽しそうな様子を見守るようにした。鬼ごっこやリレーやなど友だちと一緒にルールを了解し合って，体を動かして遊ぶことを楽しんだ。 ①
	自分の体を十分に動かし、進んで運動しようとする。	
	健康、安全な生活に必要な習慣や態度を身に付け、見通しをもって行動する。	
人間関係	幼稚園生活を楽しみ、自分の力で行動することの充実感を味わう。	・運動会の準備体操を一生懸命やっていたので、運動会では大勢の人の前で、できた実感をもつことで自信をもってほしいと願い、前に出てお手本をやってみることを後押しすると、仲よしの友だちとやることを決め、一緒に練習したり家で練習したりして、本番を迎え、達成感を味わうことができた。 ②
	身近な人と親しみ、関わりを深め、工夫したり、協力したりして一緒に活動する楽しさを味わい、愛情や信頼感をもつ。	
	社会生活における望ましい習慣や態度を身に付ける。	・後半になると、自分のやりたいことや思いを友だちのなかでは表現できるようになってきた。異年齢でのお楽しみ会で楽器グループで活動しているときにも、大太鼓をやりたいと自分から言い、リズムがとれるようになると、友だちと息を合わせて張り切って演奏し、協力して目的を達成する喜びを味わった。また、自分から進んで舞台に必要な大道具や小道具を準備したり、片づけを行うなど、活動全体を見通して行動する姿がみられ，保育者も頼りにすることでより自信をもって取り組んだ。 ③
環境	身近な環境に親しみ、自然と触れ合う中で様々な事象に興味や関心をもつ。	
	身近な環境に自分から関わり、発見を楽しんだり、考えたりし、それを生活に取り入れようとする。	
	身近な事象を見たり、考えたり、扱ったりする中で、物の性質や数量、文字などに対する感覚を豊かにする。	
言葉	自分の気持ちを言葉で表現する楽しさを味わう。	
	人の言葉や話などをよく聞き、自分の経験したことや考えたことを話し、伝え合う喜びを味わう。	
	日常生活に必要な言葉が分かるようになるとともに、絵本や物語などに親しみ、言葉に対する感覚を豊かにし、先生や友達と心を通わせる。	・緊張感が高く、自分を出すまでには時間がかかるが、自分の思いをもっている。自信をもてることを増やせるような保育者のかかわりが今後も必要であると考える。 ④
表現	いろいろなものの美しさなどに対する豊かな感性をもつ。	
	感じたことや考えたことを自分なりに表現して楽しむ。	
	生活の中でイメージを豊かにし、様々な表現を楽しむ。	

出欠	年度	備考

1 保育者のかかわりを説明する

なぜ「直接的なかかわりをせずに」なのかについて説明します。

文例

進級当初は、新しい環境や保育者への緊張感が高かったため、なかなか自分から行動しなかったが、しばらく友だちの遊んでいる様子を見ていたり、その近くにいたりすることで安心して遊び出す姿がみられた。時間をかければ自分から行動できる様子なので、直接的なかかわりはせずに、楽しそうな様子を見守るようにした。

2 自立心をもつようになってきたことを伝える

運動会が自信をもつきっかけになったこと、Sが最後までがんばる力をもっていることをしっかり伝えましょう。

文例

運動会の準備体操を一生懸命やっていたので、運動会では前に出て体操をリードする役になることをすすめて後押しする。すると、仲よしの友だちと一緒にやることを決め、園で友だちと一緒に練習したり家で一人で練習したりして努力し、本番を迎えて大勢の人の前でうまくできた。達成感を味わうことができ、自信をもつことができた。

3 Sに必要な援助を伝える

「保育者も頼りにすることで」という援助は、ストレートに思いを表現しない負けず嫌いのSにふさわしい援助かもしれません。保育者がSの力を借りることで、Sは自分の力を意識するようになったという間接的な援助の仕方を伝えておきましょう。

文例

保育者も頼りにすることで、S自身が自分の力を自覚するようになり、その後より自信をもって取り組むようになった。

4 次の指導者へ向けてSらしさを伝える

「新しい環境や保育者への緊張感」をもう少しわかりやすく表現すると、Sらしさが伝わります。

文例

新しい環境や保育者に対して緊張感を抱く子どもだが、自分の思いはもっているので、安心してその思いが出せるようになるまで時間をかけて見守ってほしい。その際、目標に向かってやり遂げる力はあるので、新しい環境のなかでSが自信をもつ機会を増やしながら、援助することが有効である。

初めてのことに時間をかける傾向がある

Kの保育の経過記録から

Kの姿

自分がこうありたいというイメージが先立ち、行動を起こすことに時間がかかる。一方で、したいことをそのままに表現することもある。

指導の過程

Kの好む遊びを仲立ちにしながら、友だち関係を広げていった。話したいことがうまく伝わらないときは、言いたいことを整理する手伝いをし、友だちとの関係を調整した。

要録

ふりがな		保育の過程と子どもの育ちに関する事項
氏名		(最終年度の重点) ・友だちとの生活や遊びのなかで、自分なりにおもしろさを追及したり課題に取り組んだりする。
生年月日	年　　月　　日	
性別		(個人の重点) ・自分のやりたい気持ちと同じように相手にやりたい気持ちがあることに気づき、互いに意見を言いながら遊びを発展させようとする。

	ねらい (発達を捉える視点)	(保育の展開と子どもの育ち)
健康	明るく伸び伸びと行動し、充実感を味わう。	・4月当初、仲のよかったBが卒園したためか、Mと一緒にいたい気持ちが強く、ほかの子に対して攻撃的な言葉を使っていた。相手の気持ちに気づかせながら、思いどおりにいかなかったときの気持ちに共感する対応をするなかで、夏ごろには、積極的に遊びを提案しながらほかの友だちとも活発に遊ぶようになった。 ①
	自分の体を十分に動かし、進んで運動しようとする。	
	健康、安全な生活に必要な習慣や態度を身に付け、見通しをもって行動する。	
人間関係	保育所の生活を楽しみ、自分の力で行動することの充実感を味わう。	・様々な遊びのなかで失敗したくないという思いが強く、とび箱や字を書くことなどに消極的になるが、できそうなところから誘うことで小さな成功をくり返し、活動に自信をもち、なんでもやってみようとする気持ちがみられるようになった。 ②
	身近な人と親しみ、関わりを深め、工夫したり、協力したりして一緒に活動する楽しさを味わい、愛情や信頼感をもつ。	
	社会生活における望ましい習慣や態度を身に付ける。	
環境	身近な環境に親しみ、自然と触れ合う中で様々な事象に興味や関心をもつ。	・話したい気持ちがはやり、思いついたことを次々と話すので、何を言いたかったか忘れてしまう傾向がある。そこで、Kの言いたいことを整理して確認するように対応したところ、自分の伝えたいことや言いたいことを筋道立てて話せるようになってきた。
	身近な環境に自分から関わり、発見を楽しんだり、考えたりし、それを生活に取り入れようとする。	
	身近な事象を見たり、考えたり、扱ったりする中で、物の性質や数量、文字などに対する感覚を豊かにする。	
言葉	自分の気持ちを言葉で表現する楽しさを味わう。	・自分の思いを主張しながらも、周囲の子どもの思いも聞き、みんなが納得する方法を考えるなど気持ちの調整ができる。製作活動では自分から様々なものに挑戦し、じっくりと考えたり工夫したりして、イメージしたことを表現しようと飽きずに取り組んでいる。 ③
	人の言葉や話などをよく聞き、自分の経験したことや考えたことを話し、伝え合う喜びを味わう。	
	日常生活に必要な言葉が分かるようになるとともに、絵本や物語などに親しみ、言葉に対する感覚を豊かにし、保育士等や友達と心を通わせる。	
表現	いろいろなものの美しさなどに対する豊かな感性をもつ。	
	感じたことや考えたことを自分なりに表現して楽しむ。	(特に配慮すべき事項)
	生活の中でイメージを豊かにし、様々な表現を楽しむ。	

① 子どもの気持ちに寄り添う表現で

環境の変化（新年度）に対する不安を、一人ひとりの子どもがどう解消していくかを理解し、子どもの気持ちに寄り添う表現を心がけます。

文例

ほかの友だちがMに近づくと安心感が脅かされるのか、排除しようとする。相手の気持ちに気づくように対応しながら

② 幼児期の保育の特性がわかるように

一人ひとりの発達過程や気持ちのありようを受け止め、子どもがやってみたいという気持ちになるように対応するという、幼児期の保育の特性がわかるように記述します。

文例

新しいことには慎重なKの気持ちを受け止め、Kのできそうなところから

③ 発達の過程がわかるように

発達の連続性を意識し、どのような状態からどのような経験を経て今に至るのかを書きます。

文例

- できそうなことをくり返し、成功体験を重ねてきた結果、気持ちが解放され、行動することに自信がもてるようになった姿もあるが、何を伝えたいかを考える前に思いついたことをなんでも話してしまうという姿もある。保育者はKの話を最後まで聞いて、何を言いたいのかKにわかるように言葉を置き換えて確認するように対応した。

- 保育者にじっくりとかかわってもらいながら、自分の言いたいことを相手にわかるように言う経験を重ねることで、自分の思いを主張しながらも、友だちの思いも聞き、

遊びの中心的な存在である

Hの保育の経過記録から

Hの姿

同年齢のなかでは成長が早く、遊びの中心的な存在である。苦手なことは回避する傾向があるが、好きなことは積極的に取り組み、ほかの子どもも巻き込んで引っ張っていく。

指導の過程

弟が生まれて環境の変化への戸惑いがみられた時期には、気持ちを受け止めるようにした。話し合いなどの場面では、友だちの意見を整理して伝えながら、自分の意見を調整して伝えていけるようにかかわった。

要録

ふりがな		保育の過程と子どもの育ちに関する事項
氏名		（最終年度の重点） • 友だちとの生活や遊びのなかで、自分なりにおもしろさを追及したり、クラスの課題に取り組んだりする。
生年月日	年　　月　　日	
性別		（個人の重点） • 安心できる場所で、好きな友だちとの関係を軸にして、遊びが楽しくなるように考えたり工夫したりして遊び込むことで、ほかのクラス・年齢の子どもたちへと関係を広げる。

	ねらい（発達を捉える視点）	保育の過程と子どもの育ちに関する事項
健康	明るく伸び伸びと行動し、充実感を味わう。	（保育の展開と子どもの育ち） • 弟が生まれた環境の変化からか、母親と離れる際に泣くこともあるので、Hの気持を受け止めていく。 ❶
	自分の体を十分に動かし、進んで運動しようとする。	• 好きな畑仕事には積極的にかかわり、昨年までの畑の知識をほかの子どもに教えたり、わからないことは図鑑で調べたりするなど中心になって行う。
	健康、安全な生活に必要な習慣や態度を身に付け、見通しをもって行動する。	
人間関係	保育所の生活を楽しみ、自分の力で行動することの充実感を味わう。	• 時間をかけて取り組んできた補助輪なしの自転車に乗れるようになったことが自信になり、運動会に意欲的に参加する。運動会 ❷
	身近な人と親しみ、関わりを深め、工夫したり、協力したりして一緒に活動する楽しさを味わい、愛情や信頼感をもつ。	活動を通して3歳児に慕われ、3歳児にも気持ちが向かい、「～しようか」など気遣いをみせるようになる。
	社会生活における望ましい習慣や態度を身に付ける。	
環境	身近な環境に親しみ、自然と触れ合う中で様々な事象に興味や関心をもつ。	• もともと自分の考えや思いをしっかり主張しており、クラスの話し合いなどで自分と異なる意見に対して、思いを無理に通そうとする姿がみられた。Hの主張を受け止め、ほかの子どもの意見も整理して伝えながら、 ❸
	身近な環境に自分から関わり、発見を楽しんだり、考えたりし、それを生活に取り入れようとする。	みんなが納得するようにと話し合いに時間をかけて取り組んでいくなかで、次第に、自分の意見を調整して言うことができるようになり、友だち関係も広がってきている。
	身近な事象を見たり、考えたり、扱ったりする中で、物の性質や数量、文字などに対する感覚を豊かにする。	
言葉	自分の気持ちを言葉で表現する楽しさを味わう。	
	人の言葉や話などをよく聞き、自分の経験したことや考えたことを話し、伝え合う喜びを味わう。	
	日常生活に必要な言葉が分かるようになるとともに、絵本や物語などに親しみ、言葉に対する感覚を豊かにし、保育士等や友達と心を通わせる。	
表現	いろいろなものの美しさなどに対する豊かな感性をもつ。	
	感じたことや考えたことを自分なりに表現して楽しむ。	（特に配慮すべき事項）
	生活の中でイメージを豊かにし、様々な表現を楽しむ。	

1 保育者のかかわりを添えるとよりよくなる

保育の基本である「子どもの情緒の安定」への気遣いについて触れることは、年齢を超えて重要です。保育者のかかわりを添えるとさらに伝わりやすくなります。

文例

Hの不安な気持ちに寄り添いながら、気持ちが周囲に向かうように対応する。

2 具体的な取り組みを

どのような取り組みの結果、このような子どもの姿が生まれたのか具体的に書くことで、保育所保育の特徴を伝えます。

文例

昨年の運動会で年長組が自転車に乗っている姿を見て、「乗りたい」と言う。年長組になったある日、「補助輪なしで乗りたい」という。保育者や友だちに手伝ってもらったりして根気よく取り組み、夏休み直前に「自分でできる」と言うので見守っていると、一週間後には乗れるようになった。それが自信になり、

3 マイナスのとらえ方には注意

一見、マイナスのように見える子どもの姿は、成長の過程の姿であると肯定的に表現して伝えます。

文例

クラスの話し合いなどで友だちと意見が違ったときなど、自分の意見をしっかりと伝えようとして衝突することがある。友だちにも友だちなりの意見があることに気づくように時間をかけて対応することで、次第に自分と同じように友だちにも意見があることに気づいて、自分の意見を調整するようになってきている。

好きな遊びを友だちと楽しもうとする過程にある

Nの保育の経過記録から

要録

Nの姿

好きな遊びは失敗をくり返しても一人で根気よく取り組む。一方、友だちとの関係では、その存在が気になり始めていて、一緒に遊びたい気持ちが芽生える過程にある。

指導の過程

Nが興味をもてるような活動を通して、友だちから認められる機会をつくり、自信がつくようにした。保育者も一緒に友だちとの遊びに参加し、友だちとやりとりする楽しさに気づかせた。

ふりがな			平成　　年度
氏名		指導の重点等	(学年の重点) • 一人ひとりのよさを認め合い、友だちとのかかわりを深めていくことで、ともに力を合わせて目標に向かい、達成感や充実感を味わう。 • 様々な体験を通して、自分なりの見通しや目標をもって生活や遊びを進めていく意識をもつ。
	平成　年　月　日生		
性別			(個人の重点) • 友だちとのかかわりのなかで、相手の気持ちに気づいて受け止め、言葉を通して心を通わせるようになる。 • 様々な体験を通して、友だちと話し合ったり工夫したりし、遊ぶ楽しさを味わいながら、自ら考えようとする気持ちが育つようになる。

	ねらい (発達を捉える視点)		
健康	明るく伸び伸びと行動し、充実感を味わう。	指導上参考となる事項	• 縄跳びが好きで一人でよく遊んでいた。 ➊ 4月にWダッチのやり方を園庭で保育者が手本を見せると、数人の子どもが一斉に始めた。なかでもNがいちばん気に入って、何度も足に縄を引っかけて転んだりしながら飽きることなく練習していた。 ➋ 毎日するうちにコツをつかみ、連続して跳べるようになった。まわりで見ている子どもたちもNを応援し、「ああ、今の惜しかった」とハラハラしながら見守っていた。
	自分の体を十分に動かし、進んで運動しようとする。		
	健康、安全な生活に必要な習慣や態度を身に付け、見通しをもって行動する。		• 朝の集まりのとき「Wダッチがちょっとできるようになってうれしい。もっと練習して上手になりたい」とみんなの前で堂々と話すことができた。保育者が「みんなが応援してあげたから、Nくんいちばん早くWダッチができたね」と話すと、他児も「Nくんみたいにできるようになりたい」「どうやったら跳べるん」と聞いていた。 ➌
人間関係	幼保連携型認定こども園の生活を楽しみ、自分の力で行動することの充実感を味わう。		
	身近な人と親しみ、関わりを深め、工夫したり、協力したりして一緒に活動する楽しさを味わい、愛情や信頼感をもつ。		
	社会生活における望ましい習慣や態度を身に付ける。		Nは「足をこう曲げて、反対の足もすぐに上げるねん」と体と足を器用に動かしてみんなにわかるような説明の仕方を考えながら話してくれた。 ➍
環境	身近な環境に親しみ、自然と触れ合う中で様々な事象に興味や関心をもつ。		
	身近な環境に自分から関わり、発見を楽しんだり、考えたりし、それを生活に取り入れようとする。		• 友だちに頼られることで、役に立つという期待感がNの意欲や自信につながっている。以前は「わからない」「苦手」「できない」と言いながら逃げていたが、周囲の友だちから自分の得意なことを認められたことにより上手になりたい、という意欲が高まった。
	身近な事象を見たり、考えたり、扱ったりする中で、物の性質や数量、文字などに対する感覚を豊かにする。		
言葉	自分の気持ちを言葉で表現する楽しさを味わう。		
	人の言葉や話などをよく聞き、自分の経験したことや考えたことを話し、伝え合う喜びを味わう。		
	日常生活に必要な言葉が分かるようになるとともに、絵本や物語などに親しみ、言葉に対する感覚を豊かにし、保育教諭等や友達と心を通わせる。		
表現	いろいろなものの美しさなどに対する豊かな感性をもつ。		
	感じたことや考えたことを自分なりに表現して楽しむ。		(特に配慮すべき事項)
	生活の中でイメージを豊かにし、様々な表現を楽しむ。		

出欠状況		年度
	教育日数	
	出席日数	

1 その子どものよさを とらえる

1つのことに集中して取り組み、遊びを深める姿がみえるように書きます。

文例

縄跳びを好み、一人でもくり返し取り組む姿がみられる。

2 育ちつつある姿を とらえる

ものごとをやりとげようとする力が育ちつつあることがわかるように書きます。

文例

何度もくり返し転んだりしながら、最後までやりとげようとする姿が育ちつつあった。

3 「10の姿」が表れるように

友だちと「協同」する姿がみえるように書きます。

文例

保育者が「みんなが応援してあげたから、Nくんいちばん早く『Wダッチ』ができたね」とはげますことによって、他児と協同して一緒にやろうとする姿がみられた。

4 小学校側に 伝わりやすい表現で

活動の場面をくわしく書いても、保育現場を知らない小学校の教師にはイメージしにくいことがあります。

文例

友だちから憧れられるようになり、た尋ねられたら自信をもって説明する姿が育ちつつある。

自分の思いを友だちに主張する傾向がある

K の保育の経過記録から

K の姿

できないことは友だちに聞きながら丁寧に取り組む姿がある。その一方で、自分なりの考えをしっかりをもっているので、それを友だちとの間で通そうとして通らないときなど一人でいることがある。

指導の過程

送迎時にはできるだけ母親に話しかけるようにしながら、家庭と連携する。園ではKのありのままの姿を受け止め、認めたり励ましたりして気持ちが安定するように努めた。同時に、友だちとトラブルになったときには、友だちにも思いがあることに気づくよう仲立ちをした。

要録

ふりがな			指導の重点等	平成　年度
氏名		平成　年　月　日生		(学年の重点) • 一人ひとりのよさを認め合い、友だちとのかかわりを深めていくことで、ともに力を合わせて目標に向かい、達成感や充実感を味わう。
性別				(個人の重点) • クラスやグループのなかで、自分の力を発揮し、目的をもって友だちと遊びや生活を進めていくことを楽しむ。

	ねらい (発達を捉える視点)	指導上参考となる事項
健康	明るく伸び伸びと行動し、充実感を味わう。	• 自分のペースでゆっくりと何事にも取り組み、最後まで丁寧に納得できるまでやろうとしている。年賀状ごっこでは、一字一字友だちに聞きながら丁寧に書き、年末に家に届けられるのを楽しみにして、みんなでポストに投函しに行った。❶
	自分の体を十分に動かし、進んで運動しようとする。	
	健康、安全な生活に必要な習慣や態度を身に付け、見通しをもって行動する。	
人間関係	幼保連携型認定こども園の生活を楽しみ、自分の力で行動することの充実感を味わう。	• 自分なりのしっかりとした考え方があり、それを通そうとすることで周囲の友だちとトラブルになる。トラブルになるのが嫌なのか、友だちと離れて一人で遊んでいることが多かった。グループや友だち同士の話し合いを経験することで、自分とは異なる考え方があることに気づいて、友だちと一緒に楽しそうに遊ぶ姿も増えてきた。❷
	身近な人と親しみ、関わりを深め、工夫したり、協力したりして一緒に活動する楽しさを味わい、愛情や信頼感をもつ。	
	社会生活における望ましい習慣や態度を身に付ける。	
環境	身近な環境に親しみ、自然と触れ合う中で様々な事象に興味や関心をもつ。	• 文字や数字など苦手なことも友だちに聞いたりしながら、学ぼうとしている。覚えたことを早速使って、友だちに手紙を書いたり数を数えたりして遊んでいる。❸
	身近な環境に自分から関わり、発見を楽しんだり、考えたりし、それを生活に取り入れようとする。	
	身近な事象を見たり、考えたり、扱ったりする中で、物の性質や数量、文字などに対する感覚を豊かにする。	• 竹馬や鉄棒などの運動遊びには自信があり、園庭に出ては竹馬を出してきて遊んでいる。数人の友だちと竹馬のコースを決めて競ったり、保育者が「上手やね」と視線を送ると、鉄棒では、「5回連続で回れた」と報告をしにきてくれる。❹
言葉	自分の気持ちを言葉で表現する楽しさを味わう。	
	人の言葉や話などをよく聞き、自分の経験したことや考えたことを話し、伝え合う喜びを味わう。	
	日常生活に必要な言葉が分かるようになるとともに、絵本や物語などに親しみ、言葉に対する感覚を豊かにし、保育教諭等や友達と心を通わせる。	
表現	いろいろなものの美しさなどに対する豊かな感性をもつ。	
	感じたことや考えたことを自分なりに表現して楽しむ。	
	生活の中でイメージを豊かにし、様々な表現を楽しむ。	(特に配慮すべき事項)

出欠状況		年度
	教育日数	
	出席日数	

1 「10の姿」がよく表れている

年賀状ごっこで文字を書こうとしている姿の描写に「数量や図形、標識や文字などへの関心・感覚」が芽生えている様子、友だちに書き方を聞いている姿の描写に「協同性」が芽生えている様子がよくわかります。

2 強すぎるマイナス表現は避ける

「トラブルになる」という表現は、その子のイメージを固めてしまうので避けます。

文例

自分の考えに沿って言葉で表現しようとするが、ときには友だちと意見が対立することもある。その際、トラブルを避けようとして友だちと離れて一人で遊んでいることもあった。

3 「育ちつつある姿」であることを伝える

いまの姿が完成形なのではなく、現在進行形で「育ちつつある姿」であることを伝えます。

文例

文字や数に興味をもち、手紙を書いたりしながら学ぶ姿が育ちつつある。

4 保育者の援助とその結果を具体的に伝える

どのような働きかけをした結果、どのような姿が育ったのかを具体的に伝えます。

文例

「上手やね」と視線を送るなど、保育者の表情豊かで応答性のある働きかけにより、くり返し挑戦しようとする姿が育ちつつある。

第4章

要録を活用した
小学校との連携

要録が小学校等の指導で活かされるためには、
要録の目的に沿った書き方であるかどうかを振り返る作業が必要です。
実際の要録をもとに解説します。

要録を振り返るうえで大切なこと

　要録は、これまでも述べてきたように「その後の指導及び外部に対する証明等に役立たせるための原簿」となるものです。漠然とした子どもの姿やある事象だけの記述では、その意図は小学校の教員には十分伝わりません。記載された内容を小学校の教員が理解し、小学校での学びに活かされることが大切です。

　本章では、要録の総仕上げとして、小学校側に子どもの育ちが伝わるかどうかという視点から、実際の要録を振り返ってみましょう。

「個人の重点」をふまえる

　保育所児童保育要録（保育に関する記録）、幼保連携型認定こども園園児指導要録（最終学年の指導に関する記録）、幼稚園幼児指導要録（指導に関する事項）における様式の参考例では、「個人の重点」を記載するようになっています。「個人の重点」の記載にあたっては、1年間の子どもの育ちを振り返った後に、その子どもとのかかわりにおいて大切にしてきたことや重視してきたことを記載します。

　つまり、ここに記載するのは、保育者が1年間のその子どもとのかかわりにおいて特に大切にしてきたことです。要録を振り返るときは、この「個人の重点」に記載したことをふまえることが大切です。

 ## 3つの要素が含まれていることを確認する

　小学校側に子どもの育ちが伝わるためには、要録に「子ども理解に基づく**子どもの姿**」「発達の課題※を乗り越えるための**保育者の支援**」「その結果、みられた子どもの**変容（育ち）**」「今後さらに資質・能力等を高めていくための**小学校での指導上の留意点**」の要素が含まれていることが大切です。

　要録を振り返るときには、これらの要素が含まれているかどうかを確認する作業が必要となります。

　※「発達の課題」とは、その時期の多くの幼児が示す発達の姿に合わせて設定されている課題のことではない。発達の課題は幼児一人一人の発達の姿を見つめることにより見いだされるそれぞれの課題である。その幼児が今、興味や関心をもち、行おうとしている活動の中で実現しようとしていることが、その幼児の発達にとっては意味がある。したがって、発達の課題は幼児の生活の中で形を変え、いろいろな活動の中に表現されることもある。

　このように、教師は、幼児一人一人の発達の特性と発達の課題を把握し、その幼児らしさを損なわないように指導することが大切である。

〈幼稚園教育要領解説 総説 第1章 第1節 幼稚園教育の基本 3 幼稚園教育の基本に関連して重視する事項（3）一人一人の発達の特性に応じた指導 より抜粋〉

振り返りの実践

要録をもとに、小学校の教員に伝わる内容になっているか振り返ってみましょう。

 ## 「個人の重点」を確認する

要録に記載された「個人の重点」を確認します。

右の要録には「自分の気持ちを調整したり、相手の気持ちを考えたりする」と記載されています。そこから、担任はＡとの１年間のかかわりにおいて、次のようなねらいをもって保育を行ってきたと考えられます。

- 友だちとかかわるなかで、互いの思いや考えなどを共有し、共通の目的の実現に向けて、考えたり、工夫したり、協力したりし、充実感をもってやり遂げることができるようにする。
- 集団生活や友だちとの遊びを通して、生活上様々な決まりがあることに気づいたり、遊びのなかで、ルールを守ると友だちとの遊びが楽しくなるということなど実感をともなって感じることができるようにする。

 ## 「子どもの姿」「保育者の支援」「Ａの育ちの変容」を確認する

要録には「子どもの姿」「保育者の支援」「子どもの育ち（変容）」「今後の指導上の留意点」の４つの要素が必要だと述べました。実際にこれらの要素が記入されているか、「子どもの姿」「保育者の支援」「Ａの育ちの変容」の記述を抽出してみます。

> - 子どもの姿が表されているところ ＿＿＿
> - 保育者の支援が表されているところ 〜〜〜
> - 時期が表されているところ ……

指導の重点等	（学年の重点） 自分の力を発揮しながら、友だちと協力して遊ぶことを楽しむ
	（個人の重点） 自分の気持ちを調整したり、相手の気持ちを考えたりする
指導上参考となる事項	●進級してしばらく、子新しい学級や担任への不安からか、落ち着かない様子がみられた。保育者とのかかわりを求める様子や、子友だちに思いが伝わらずに困っている様子から、保保育者もともに遊びながら友だちとの仲立ちとなるようにすると、次第に落ち着いて過ごすようになっていった。しかし、子友だちといざこざになったときなどに、気持ちを切り替えることに時間がかかり、着替えようとしなかったり場を離れたりするため、保保育者が個別に話を聞き、その気持ちを受け止めるようにしてきたところ、子少しずつ自分で気持ちを切り替えようとするようになった。 ●好奇心が強く、気になったものは積極的にかかわる。特に自然物に対する興味をもっており、2学期に虫を捕まえて飼育するようになると、子虫捕りを介して友だちとのかかわりが広がり、友だちと相談して目的の虫を一緒に探したり、飼育方法を調べたりするなど共通の目的をもって遊ぶ楽しさを感じるようになった。遊びに関して新しいアイデアを思いつくことが多く、思いついた遊びを気の合う友だちと一緒に楽しんでいた。 ●宿泊体験に向けた活動のなかで、子グループで相談したり一緒に行動したりするときに、自分の思いどおりにならないことから、友だちといざこざになっていた。時間を多くとり、保育者が保自分の行動を振り返ることができるようにしたり、思いを引き出したりしながら友だちと話し合う場を設けてきたことで、子自分の思いを素直に話したり、友だちの思いを理解しようとするようになっていった。2学期の中頃、保机を運べずに困っている友だちを手助けし、それを認められたことをきっかけに子友だちが困っている様子を見ると解決しようとするようになり、解決するために相手の気持ちを考えようとしていた。3学期の初め頃には、子グループで活動するときにも友だちの様子を見ながら相手の気持ちを考えて行動するようになり、困ったことがあると自分から友だちに相談し、解決しようとする姿がみられるようになった。 ●1学期は絵を描くことや踊ることなどの子苦手意識が強いことには取り組もうとしなかったが、2学期の保運動会で、保育者が気の合う友だちと隣同士で踊れるようにしたことで、その子友だちに励まされ、踊りを見てまねしたりしながら踊ることができた。「苦手だったけどできるようになった」と達成感を感じていた。3学期の表現会の合奏では、子うまくできるようになりたいと小太鼓を何度も練習したり、劇では休んだ友だちの代わりをかって出たりと、積極的に取り組むようになった。

要録を活用した小学校との連携

要録（95頁）の元となる保育の経過記録

1期（4月～7月）の保育の経過記録

　いろいろな材料を使って製作したり、思いついたアイデアで自分で遊びをつくったりする。砂場で遊ぶことも多いが、自分の思いが相手に伝わらず、思い通りに遊べないとまわりの友だちに泥を投げてしまい、いざこざになっていた。うまくいかないことがあると、なかなか気持ちを切り替えられず、着替えが遅くなったり、しばらく廊下で過ごしたりしていた。

　7月の宿泊体験に向けての取り組みでは、グループ内の話し合いで自分のしたい係になれなかったり、一人だけ違うことをしていてグループの友だちに指摘されたりして、いざこざになっていた。時間をかけて友だちや保育者とじっくり話し合いをするなかで、自分の思いを素直に話したり、友だちの思いを理解しようとしたりするようになった。

2期（8月〜11月）の保育の経過記録

園庭に昆虫が増えてくると、熱心に虫捕りをするようになった。一緒に虫捕りをする友だちとのつながりが生まれ、友だちと今日捕まえたい虫を決めたり、飼育する方法を共に調べたりと、友だちとのかかわりを楽しむ様子がみられるようになった。

運動会での踊りに苦手意識をもっており、向き合うことができない姿がみられた。気の合う友だちが隣で踊っており、その友だちに励まされながら、友だちの踊りを見て自分なりにまねして踊ることで、踊ることができるようになった。「苦手だったけどできるようになった」と、達成感を感じていた。

人数が足りず、机を運ぶことができないでいる友だちを手助けしたときに、友だちに認められたことがきっかけとなり、友だちが何かに困っている様子を見ると、それを解決しようとしたりするようになった。友だちに頼りにされることをうれしく思い、解決するために相手の気持ちを考えようとしていた。

3期（12月〜3月）の保育の経過記録

氷の中に何かを入れて凍らせる方法について本で知り、自分で牛乳パックを用意して花を入れて凍らせようとしたり、虫眼鏡で雪の結晶を見ようとしたりと、冬の自然現象に興味をもち、自分なりに試したり調べたりしていた。

グループで机を運ぶときに友だちを呼びに行ったり、運んでいるときにも安全に運べるよう友だちに声をかけたりと、友だちを意識して行動することが多くなった。困ったことがあると「どうする？」と、友だちと相談して解決しようとする姿もみられた。

表現会の合奏では小太鼓に挑戦し、何度も練習して自分なりにできるようになったことを喜んでいた。劇の練習でも休んだ友だちの代わりをかって出るなど、積極的に取り組んでいた。

足りない部分を確認する

　95頁の要録に記載されている文章から、関係する文章を抽出して、分類表にまとめてみます。「子どもの姿」「保育者の支援」「子どもの育ちの変容」の視点から分類してみると、不足している要素があることがわかります。

Aの姿	保育者の支援	Aの育ちの変容
進級してしばらく ● 新しい学級や担任への不安からか、落ち着かない様子がみられた ● 友だちに思いが伝わらずに困っている様子	● 保育者とともに遊びながら友だちとの仲立ちとなるようにする	①
● 友だちといざこざになったときなどに、気持ちを切り替えることに時間がかかり	● 保育者が個別に話を聞き、その気持ちを受け止めるようにしてきた	● 少しずつ自分で気持ちを切り替えようとする
1学期 ● 苦手意識が強いことには取り組もうとしなかった	②	③
2学期 ● 虫捕りを介して友だちとのかかわりが広がり、友だちと相談して目的の虫を一緒に探したり、飼育方法を調べたりするなど共通の目的をもって遊ぶ楽しさを感じるようになった	④	⑤
● 遊びに関して新しいアイデアを思いつくことが多く、思いついた遊びを気の合う友だちと一緒に楽しんでいた	⑥	⑦

Aの姿	保育者の支援	Aの育ちの変容
⑧	●運動会で保育者が気の合う友だちと隣同士で踊れるようにした	●友だちに励まされたり踊りを見てまねしたりし、踊ることができた。「苦手だったけどできるようになった」と達成感を感じていた
●グループで相談したり一緒に行動したりするときに、自分の思いどおりにならないことから、友だちといざこざになっていた	●自分の行動を振り返ることができるようにしたり、思いを引き出したりしながら友だちと話し合う場を設けてきた	●自分の思いを素直に話したり、友だちの思いを理解しようとするようになっていった
2学期中頃 ⑨	●机を運べずに困っている友だちを手助けし、それを認められたことをきっかけに	●友だちが困っている様子を見ると解決しようとするようになり、解決するために相手の気持ちを考えようとしていた
3学期初め頃 ⑩	⑪	●グループで活動するときにも友だちの様子を見ながら相手の気持ちを考えて行動するようになり、困ったことがあると自分から友だちに相談し、解決しようとする姿がみられる
3学期 ●表現会の合奏でうまくできるようになりたい	⑫	●小太鼓を何度も練習したり、劇では休んだ友だちの代わりをかって出たりと、積極的に取り組む
小学校生活を豊かにするために		
学習面	生活（基本的生活習慣）面	特に留意する事項
⑬	⑭	⑮

足りない部分に加筆する

　必要な要素が記入されていないと、小学校の教員へ断片的な子どもの姿しか伝わらず、入学後の指導のあり方について十分な検討材料とはなり得ない場合があります。そこで、①〜⑮について加筆します。

　この表は、小学校との打ち合わせ会（引き継ぎの会）などにおいて、Aの幼児期の姿や小学校入学後の指導のあり方等について説明する資料となります。

　また、表を作成することにより、Aの変容や指導の過程が明らかにされることから、あのときのかかわりはよかったのか、もっと違う方法があったのではないか、Aにとって環境構成は適切であったかなど、保育者自身の保育の振り返りにもなり、結果として保育者の資質の向上につながるのです。

　そして、最後にAの姿や支援をふまえ、小学校生活を豊かに送るための指導上の留意点についてまとめます。

Aの姿	保育者の支援	Aの育ちの変容
進級してしばらく ●新しい学級や担任への不安からか、落ち着かない様子がみられた ●友だちに思いが伝わらずに困っている様子	●保育者もともに遊びながら友だちとの仲立ちとなるようにする	①保育者と遊ぶことを楽しみながら、友だちとも少しずつかかわるようになった
●友だちといざこざになったときなどに、気持ちを切り替えることに時間がかかっていた	●保育者が個別に話を聞きその気持ちを受け止めるようにしてきた	●少しずつ自分で気持ちを切り替えようとする
1学期 ●苦手意識が強いことには取り組もうとしなかった	②一緒にじっくり考えたり自分の思いが実現する喜びを味わうようにした	③周囲のペースより遅れるが、保育者と一緒なら取り組もうとするようになった
2学期 ●虫捕りを介して友だちとのかかわりが広がり、友だちと相談して目的の虫を一緒に探したり、飼育方法を調べたりするなど共通の目的をもって遊ぶ楽しさを感じるようになった	④保育者に捕まえた虫の報告に来る様子を受け止め、ときには学級でその発見を取り上げるようにした	⑤保育者がいなくても自ら友だちを誘って遊ぶようになった
●遊びに関して新しいアイデアを思いつくことが多く、思いついた遊びを気の合う友だちと一緒に楽しんでいた	⑥アイデアを実現できるよう、適した素材を準備したり提案したりした	⑦遊びは長くは続かないものの、自分の思いを実現できたことに喜びを感じていた

Aの姿	保育者の支援	Aの育ちの変容
⑧運動会で、踊りに苦手意識があり、振り付けを覚えたり保育者のまねをして体を動かすことがうまくいかず、取り組もうとしなかった	●運動会で保育者が気の合う友だちと隣同士で踊れるようにした	●友だちに励まされたり踊りを見てまねしたりし、踊ることができた。「苦手だったけどできるようになった」と達成感を感じていた
●グループで相談したり一緒に行動したりするときに、自分の思いどおりにならないことから、友だちといざこざになっていた	●じっくりかかわり自分の行動を振り返ることができるようにしたり、思いを引き出したりしながら友だちと話し合う場を設けてきた	●自分の思いを素直に話したり、友だちの思いを理解しようとするようになっていった
2学期中頃 ⑨当番活動やグループで何かを準備するとき、気が向かないとやろうとしなかった。友だちにそれを指摘されると、余計にやらなかった	●机を運べずに困っている友だちを手助けし、それを認められたことをきっかけに	●友だちが困っている様子を見ると解決しようとするようになり、解決するために相手の気持ちを考えようとしていた
3学期初め頃 ⑩友だちが困っている様子を見て解決しようとするが、相手の考えや気持ちまで理解せずに一方的なかかわりとなることがあった	⑪相手がどうしようと思っていたのか気づけるよう、互いの思いを確認する場を設けるようにした	●グループで活動するときにも友だちの様子を見ながら相手の気持ちを考えてもって行動するようになり、困ったことがあると自分から友だちに相談し、解決しようとする姿がみられる
3学期 ●表現会の合奏でうまくできるようになりたい	⑫その気持ちを受け止め、練習したいときはいつでも声をかけてほしいと伝えた	●小太鼓を何度も練習したり、劇では休んだ友だちの代わりをかって出たりと、積極的に取り組む

小学校生活を豊かにするために		
学習面	**生活（基本的生活習慣）面**	**特に留意する事項**
⑬わかっていても心配で保育者に尋ねてくるため、不安な気持ちを受け止めながら、自分で考えるよう促すとよい	⑭気持ちが向かないこともあるが、やることがしっかりわかれば自分で行うことができるため、理解できていない様子であれば、個別に声をかけて伝えるとよい	⑮気持ちの切り替えに時間がかかること、うまく自分の思いが伝えられないと手が出てしまうことがときどきある。丁寧にその思いを聞き、受け止め、自分で気持ちを調整できるように支援するとよい

「個人の重点」をふまえて再度確認、加筆・修正のうえ仕上げる

　最後に、個人の重点である「自分の気持ちを調整したり、相手の気持ちを考えたりする」に基づき、Aの育ちの何を伝えるのか再度確認し、最終的な加筆修正を行い、要録に仕上げます。

　最初に作成した「要録」の文章と比べてみましょう。より子どもの姿がイメージできるのではないでしょうか。

指導の重点等	（学年の重点） 自分の力を発揮しながら、友だちと協力して遊ぶことを楽しむ
	（個人の重点） 自分の気持ちを調整したり、相手の気持ちを考えたりする
指導上参考となる事項	●進級してしばらく、🧒新しい学級や担任への不安からか、落ち着かない様子がみられた。保育者とのかかわりを求める様子や、🧒友だちに思いが伝わらずに困っている様子から、👩保育者もともに遊びながら友だちとの仲立ちとなるようにすると、次第に落ち着いて過ごすようになっていった。しかし、🧒友だちといざこざになったときなどに、気持ちを切り替えることに時間がかかり、着替えようとしなかったり場を離れたりするため、👩保育者が個別に話を聞き、その気持ちを受け止めるようにしてきたところ、🧒少しずつ自分で気持ちを切り替えようとするようになった。 ●好奇心が強く、気になったものは積極的にかかわる。特に自然物に対する興味をもっており、2学期に虫を捕まえて飼育するようになると、🧒虫捕りを介して友だちとのかかわりが広がり、友だちと相談して目的の虫を一緒に探したり、飼育方法を調べたりするなど共通の目的をもって遊ぶ楽しさを感じるようになった。遊びに関して新しいアイデアを思いつくことが多く、思いついた遊びを気の合う友だちと一緒に楽しんでいた。 ●宿泊体験に向けた活動のなかで、🧒グループで相談したり一緒に行動したりするときに、自分の思いどおりにならないことから、友だちといざこざになっていた。時間を多くとり、保育者が👩自分の行動を振り返ることができるようにしたり、思いを引き出したりしながら友だちと話し合う場を設けてきたことで、🧒自分の思いを素直に話したり、友だちの思いを理解しようとするようになっていった。2学期の中頃、👩机を運べずに困っている友だちを手助けし、それを認められたことをきっかけに🧒友だちが困っている様子を見ると解決しようとするようになり、解決するために相手の気持ちを考えようとしていた。3学期の初め頃には、🧒グループで活動するときにも友だちの様子を見ながら相手の気持ちを考えて行動するようになり、困ったことがあると自分から友だちに相談し、解決しようとする姿がみられるようになった。 ●1学期は絵を描くことや踊ることなどの🧒苦手意識が強いことには取り組もうとしなかったが、2学期の👩運動会で、保育者が気の合う友だちと隣同士で踊れるようにしたことで、その🧒友だちに励まされ、踊りを見てまねしたりしながら踊ることができた。「苦手だったけどできるようになった」と達成感を感じていた。3学期の表現会の合奏では、🧒うまくできるようになりたいと小太鼓を何度も練習したり、劇では休んだ友だちの代わりをかって出たりと、積極的に取り組むようになった。

指導の重点等	（学年の重点） 自分の力を発揮しながら、友だちと協力して遊ぶことを楽しむ
	（個人の重点） 自分の気持ちを調整したり、相手の気持ちを考えたりする

指導上参考となる事項	●進級してしばらく新しい学級や担任への不安からか、落ち着かない様子がみられた。保育者とのかかわりを求める様子や、友だちに思いが伝わらずに困っている様子から、保育者もともに遊びながら友だちとの仲立ちとなるようにすると、保育者と遊ぶことを楽しみがら、友だちとも少しずつかかわるようになり、次第に落ち着いて過ごすようになっていった。しかし、友だちといざこざになったときなどに、気持ちを切り替えることに時間がかかり、着替えようとしなかったり場を離れたりするため、保育者が個別に話を聞き、その気持ちを受け止めるようにしてきたところ、少しずつ自分で気持ちを切り替えようとするようになった。 ●好奇心が強く、気になったものは積極的にかかわる。特に自然物に対する興味をもっている。2学期に虫を捕まえて飼育するようになると、保育者に捕まえた虫の報告に来る様子を受け止め共感したり、学級でその発見を取り上げるようにした。虫捕りを介して友だちとのかかわりが広がり、友だちと相談して目的の虫を一緒に探したり、飼育方法を調べたりするなど共通の目的をもって遊ぶ楽しさを感じるようになった。遊びに関して新しいアイデアを思いつくことが多く、保育者がいなくても自ら友だちを誘って遊ぶようになった。思いついた遊びを気の合う友だちと一緒に楽しんでいた。 ●宿泊体験に向けた活動のなかで、グループで相談したり一緒に行動したりするときに、自分の思いどおりにならないことから、友だちといざこざになっていた。また、気が向かないとやろうとしなかった。友だちにそれを指摘されると、余計にやらなかった。じっくり時間をとり、保育者が自分の行動を振り返ることができるようにしたり、思いを引き出したりしながら友だちと話し合う場を設けてきたことで、自分の思いを素直に話したり、友だちの思いを理解しようとするようになっていった。2学期中頃、机を運べずに困っている友だちを手助けし、それを認められたことをきっかけに友だちが困っている様子を見ると解決しようとするようになり、解決するために相手の気持ちを考えようとしていた。3学期の初め頃には、グループで活動するときにも友だちの様子を見ながら相手意識をもって行動するようになり、困ったことがあると自分から友だちに相談し、解決しようとする姿がみられるようになった。 ●1学期は絵を描くことや踊ることなどの苦手意識が強いことには取り組もうとしなかった。そのため、保育者と一緒にじっくり考える時間をもった。自分の思いや考えが受け止められ実現できる喜びを味わうようにした。2学期の運動会では、踊りに苦手意識があり、振り付けを覚えたり保育者のまねをして体を動かすことがうまく行かず取り組もうとしなかったが、保育者が気の合う友だちと隣同士で踊れるようにしたことで、友だちに励まされ、踊りを見てまねしたりしながら踊ることができた。「苦手だったけどできるようになった」と達成感を感じていた。3学期の表現会の合奏では、うまくできるようになりたいと小太鼓を何度も練習したり、劇では休んだ友だちの代わりをかって出たりと、積極的に取り組むようになった。 ●指導上の留意点として、わかっていても心配で保育者に尋ねてくることも多いため不安な気持ちを受け止めながら、自分で考えるよう促すことにより取り組める。ときには、気持ちが向かないこともあるが、やることがしっかりわかれば自分で行うことができるため、理解できていない様子であれば、個別に声をかけて支援をするとがんばって取り組むことができる。

小学校との話し合いに向けて

　幼児教育と小学校教育の接続の取り組みが進むなかで、近年、要録を送付するだけではなく、小学校と校区の幼稚園や保育所などとの話し合いがもたれることが多くなってきました。これらの取り組みは、子どもの発達や学びを円滑に小学校に引き継いでいくためにはとても大切なことです。この貴重で限られた時間をぜひ有効に活用してほしいと思います。

　そのためには、話の焦点化が必要です。引き継ぎの方法や内容、出席者については、小学校と幼稚園や保育所の管理職同士、あるいは担当者が事前に協議し、準備をしておくことが大切です。その際に留意すべきは、一部の関係者だけの引き継ぎにならないことです。組織と組織でつないでいくということを念頭に置いて行うことが大切です。

　ここでは、「個人の重点」「幼児期の終わりまでに育ってほしい姿」の視点から、小学校との引き継ぎについて「要録」をもとに考えたいと思います。

① 要録を中心とした話し合い

　要録を中心とした話し合いを行うとき、要録に記載されたことを読み上げるだけでは、話し合いの意味がなくなってしまいます。大切にしなければならないことは、要録に書ききれなかったことも含め、「個人の重点」に基づいて加筆・修正した要録（103頁）をもとに行うことが大切です。

　その際は、

> 「子ども理解に基づく**子どもの姿**」
> 「発達の課題*を乗り越えるための**保育者の支援**」
> 「その結果、みられた子どもの**変容（育ち）**」
> 「今後さらに資質・能力等を高めていくための**小学校での指導上の留意点**

という流れで説明するとよいでしょう。

まず、これらのことを共通認識したうえで意見交換を行うことにより、より深まった話し合いになります。

② 「幼児期の終わりまでに育ってほしい姿」を中心とした話し合い

「幼児期の終わりまでに育ってほしい姿」を中心とする引き継ぎも考えてみたいと思います。「幼児期の終わりまでに育ってほしい姿」を中心に引き継ぐ場合でも「個人の重点」をふまえ、要録に記載された内容に基づいて話し合いを行うことが大切です。

要録のなかで「幼児期の終わりまでに育ってほしい姿」が表れていると思われる部分は、106頁のとおりです。

> (2) 幼稚園教育において育まれた資質・能力を踏まえ、小学校教育が円滑に 行われるよう、小学校の教師との意見交換や合同の研究の機会などを設け、「幼児期の終わりまでに育ってほしい姿」を共有するなど連携を図り、幼稚園教育と小学校教育との円滑な接続を図るよう努めるものとする。
>
> 幼稚園教育要領　第1章　第3　教育課程の役割と編成等　5　小学校教育との接続に当たっての留意事項

> イ　保育所保育において育まれた資質・能力を踏まえ、小学校教育が円滑に行われるよう、小学校教師との意見交換や合同の研究の機会などを設け、第1章の4の (2) に示す「幼児期の終わりまでに育って欲しい姿」を共有するなど連携を図り、保育所保育と小学校教育との円滑な接続を図るよう努めること。
>
> 保育所保育指針　第2章　4　保育の実施に関して留意すべき事項　（2）小学校との連携

> イ　幼保連携型認定こども園の教育及び保育において育まれた資質・能力を踏まえ、小学校教育が円滑に行われるよう、小学校の教師との意見交換や合同の研究の機会などを設け、「幼児期の終わりまでに育ってほしい姿」を共有するなど連携を図り、幼保連携型認定こども園における教育及び保育と小学校教育との円滑な接続を図るよう努めるものとする。
>
> 幼保連携型認定こども園教育・保育要領　第1章　第2　教育及び保育の内容並びに子育ての支援等に関する全体的な計画等　1　教育及び保育の内容並びに子育ての支援等に関する全体的な計画の作成等　（5）小学校教育との接続に当たっての留意事項

指導の重点等	（学年の重点） 自分の力を発揮しながら、友だちと協力して遊ぶことを楽しむ
	（個人の重点） 自分の気持ちを調整したり、相手の気持ちを考えたりする

<table>
<tr><td rowspan="6">指導上参考となる事項</td><td>● 進級してしばらく新しい学級や担任への不安からか、落ち着かない様子がみられた。保育者とのかかわりを求める様子や、友だちに思いが伝わらずに困っている様子から、保育者もともに遊びながら友だちとの仲立ちとなるようにすると、保育者と遊ぶことを楽しみながら、友だちとも少しずつかかわるようになり、次第に落ち着いて過ごすようになっていった。しかし、友だちといざこざになったときなどに、気持ちを切り替えることに時間がかかり、着替えようとしなかったり場を離れたりするため、保育者が個別に話を聞き、その気持ちを受け止めるようにしてきたところ、❶少しずつ自分で気持ちを切り替えようとするようになった。</td><td>❶
道徳性・規範意識の芽生え</td></tr>
<tr><td>● 好奇心が強く、気になったものは積極的にかかわる。特に自然物に対する興味をもっている。2学期に虫を捕まえて飼育するようになると、保育者に捕まえた虫の報告に来る様子を受け止め共感したり、学級でその発見を取り上げるようにした。虫捕りを介して友だちとのかかわりが広がり、❷友だちと相談して目的の虫を一緒に探したり、飼育方法を調べたりするなど共通の目的をもって遊ぶ楽しさを感じるようになった。遊びに関して新しいアイデアを思いつくことが多く、保育者がいなくても自ら友だちを誘って遊ぶようになった。思いついた遊びを気の合う友だちと一緒に楽しんでいた。</td><td>❷
協同性、自然とのかかわり・生命尊重</td></tr>
<tr><td>● 宿泊体験に向けた活動のなかで、グループで相談したり一緒に行動したりするときに、自分の思いどおりにならないことから、友だちといざこざになっていた。また、気が向かないとやろうとしなかった。友だちにそれを指摘されると、余計にやらなかった。じっくり時間をとり、❸保育者が自分の行動を振り返ることができるようにしたり、思いを引き出したりしながら友だちと話し合う場を設けてきたことで、自分の思いを素直に話したり、友だちの思いを理解しようとするようになっていった。2学期中頃、机を運べずに困っている友だちを手助けし、それを認められたことをきっかけに❹友だちが困っている様子を見ると解決しようとするようになり、解決するために相手の気持ちを考えようとしていた。3学期の初め頃には、グループで活動するときにも友だちの様子を見ながら相手意識をもって行動するようになり、困ったことがあると自分から友だちに相談し、解決しようとする姿がみられるようになった。</td><td>❸
道徳性・規範意識の芽生え

❹
道徳性・規範意識の芽生え</td></tr>
<tr><td>● 1学期は絵を描くことや踊ることなどの苦手意識が強いことには取り組もうとしなかった。そのため、保育者と一緒にじっくり考える時間をもった。自分の思いや考えが受け止められ実現できる喜びを味わうようにした。❺2学期の運動会では、踊りに苦手意識があり、振り付けを覚えたり保育者のまねをして体を動かすことがうまく行かず取り組もうとしなかったが保育者が気の合う友だちと隣同士で踊れるようにしたことで、友だちに励まされ、踊りを見てまねしながら踊ることができた。「苦手だったけどできるようになった」と達成感を感じていた。❻3学期の表現会の合奏では、うまくできるようになりたいと小太鼓を何度も練習したり、劇では休んだ友だちの代わりをかって出たりと、積極的に取り組むようになった。</td><td>❺
自立心

❻
自立心</td></tr>
<tr><td>● 指導上の留意点として、わかっていても心配で保育者に尋ねてくることも多いため不安な気持ちを受け止めながら、自分で考えるよう促すことにより取り組める。ときには、気持ちが向かないこともあるが、やることがしっかり分かれば自分で行うことができるため、理解できていない様子であれば、個別に声をかけて支援をするとがんばって取り組むことができる。</td><td></td></tr>
</table>

説明をするにあたり、ただ「幼児期の終わりまでに育ってほしい姿」について話しても、小学校の教員にはうまく伝わりません。大切なことは、要録をもとにして「幼児期の終わりまでに育ってほしい姿」を伝えることです。そのためには、小学校に何を伝えたいのかまとめておくことが必要です。要録から「幼児期の終わりまでに育ってほしい姿」に該当する箇所を抽出してみましょう。

道徳性・規範意識の芽生え

「自分の気持ちを調節する」

> ❶少しずつ自分で気持ちを切り替えようとするようになった

　相手と自分が考えていることが違うということに少しずつ気づき始め、相手の思いを受け止めて、気持ちを切り替えようとするようになった。さらに、友だちと一緒に様々な体験を重ねていくうちに、友だちと考えが合わなくて悔しさを味わったり悲しくなったり、喜びを分かち合ったり、一緒に笑ったりするような姿もみられるようになった。

「自分の行動を振り返る」

> ❸保育者が自分の行動を振り返ることができるようにしたり、思いを引き出したりしながら友だちと話し合う場を設けてきたことで、自分の思いを素直に話したり、友だちの思いを理解しようとするようになっていった

　保育者がきちんと事実把握し、その事実をＡとともに振り返りながら、どうすればよかったかを一緒に考えてきたことで、少しずつ自ら振り返ることができるようになっていった。

「友だちの気持ちに共感したりし、相手の立場に立って行動する」

❹友だちが困っている様子を見ると解決しようとするようになり、解決するために相手の気持ちを考えようとしていた

　困っている友だちを助けて喜ばれた成功体験がきっかけとなり、自分が求められることに喜びを感じていた。かかわりが一方的になってしまうことがあったので、相手の気持ちに気づかせるようにしてきた

自然とのかかわり・生命尊重

「身近な動植物に心を動かされるなかで、生命の不思議さや尊さに気づき」

❷友だちと相談して目的の虫を一緒に探したり、飼育方法を調べたりするなど共通の目的をもって遊ぶ楽しさを感じるようになった

　大きめの飼育ケース、飼育方法を調べることができる図鑑を用意したことで、友だちと一緒に虫探しをするきっかけが生まれ、友だちと一緒に遊ぶ楽しさに気づき、次第に飼育している虫の生態に興味をもつようになった。

協同性

「友だちとかかわるなかで、互いの思いや考えなどを共有し」「共通の目的の実現に向けて」

❷友だちと相談して目的の虫を一緒に探したり、飼育方法を調べたりするなど共通の目的をもって遊ぶ楽しさを感じるようになった

　友だちのしている楽しそうなことに参加するより、自分の興味のあるものに対してかかわるほうがAは楽しめるため、大きめの飼育ケースを用意するなどして、興味のある虫探しから友だちとかかわることができるようにした。媒介となるものがあるほうが人間関係を築きやすい。

「諦めずにやり遂げる体験を通して達成感を味わう」

❺ 2学期の運動会で保育者が気の合う友だちと隣同士で踊れるようにしたことで、その友だちに励まされ、踊りを見てまねしながら踊ることができた。「苦手だったけどできるようになった」と達成感を感じていた

　不安に感じると「やりたくない」「別にしなくてもいい」と話すが、安心できる環境をつくることで、自分なりに上達を感じ、達成感につながった。「やりたくない」「別にしなくてもいい」は「やらなきゃいけないのはわかるけど、不安だ」という気持ちを表現しているととらえ、安心して取り組むことができるよう、不安に感じている点を探り、失敗してもよいようにしたり、やり方など目の前で見せたりするとよい。

❻ 3学期の表現会の合奏では、うまくできるようになりたいと小太鼓を何度も練習したり

　「このリズムのところができない」など、自分でできないところを理解していたため、保育者が一対一で教えていくと少しずつできるようになっていき、次第に諦めずにやり遂げようとするようになった。スモールステップで取り組むことができるようにすると、意欲をもって取り組むことができる。

　以上のように、「幼児期の終わりまでに育ってほしい姿」から小学校の教員に何を伝えるかを焦点化し、事前にメモをしておくことが大切です。そのことにより、指導の過程と育ちつつある資質・能力を適切に引き継ぐことができるのです。

③ 学級全体のことを伝える

　これまで個々の子どもの学びを引き継ぐという視点で説明をしてきました。最後に伝えなければならないことは、「学年の重点」についてです。事例では、「自分の力を発揮しながら、友だちと協力して遊ぶことを楽しむ」となっています。この点を意識しながら、小学校入学してからの指導の留意点等について伝えるようにします。

　これまでも述べてきたように要録は、幼児の学籍並びに指導の過程及び結果の要約を記録し、その後の指導及び外部に対する証明等に役立たせるための原簿となるものです。同時に、自身の保育者としての振り返りともなるものです。1年間の子どもとのかかわりを振り返ることにより、あのときの子どもの姿をしっかりと理解できていたか、それに対する環境構成は適切であったかなどの視点から自身の保育を振り返ることにより、子ども一人ひとりに温かいまなざしを向けることのできる保育者として成長していけるのではないでしょうか。

　要録を何のために書くかということをしっかりと理解し、そのもつ意味の重要性を再確認したいものです。

資料

 **幼稚園教育要領解説** （一部抜粋）

第1章　総説
第3節　教育課程の役割と編成等

5 小学校教育との接続に当たっての留意事項
（1）小学校以降の生活や学習の基盤の育成

> （1）幼稚園においては、幼稚園教育が、小学校以降の生活や学習の基盤の育成に
> つながることに配慮し、幼児期にふさわしい生活を通して、創造的な思考や主
> 体的な生活態度などの基礎を培うようにするものとする。

　幼稚園は、学校教育の一環として、幼児期にふさわしい教育を行うものである。その教育が小学校以降の生活や学習の基盤ともなる。小学校においても、生活科や総合的な学習の時間が設けられており、学校教育全体として総合的な指導の重要性が認識されているといえる。

　幼児は、幼稚園から小学校に移行していく中で、突然違った存在になるわけではない。発達や学びは連続しており、幼稚園から小学校への移行を円滑にする必要がある。しかし、それは、小学校教育の先取りをすることではなく、就学前までの幼児期にふさわしい教育を行うことが最も肝心なことである。つまり、幼児が遊び、生活が充実し、発展することを援助していくことである。

　学校教育全体では、いかにして子供の生きる力を育むかを考えて、各学校の教育課程は編成されなければならない。幼稚園教育は、幼児期の発達に応じて幼児の生きる力の基礎を育成するものである。特に、幼児なりに好奇心や探究心をもち、問題を見いだしたり、解決したりする力を育てること、豊かな感性を発揮したりする機会を提供し、それを伸ばしていくことが大切になる。幼児を取り巻く環境は様々なものがあり、そこでいろいろな出会いが可能となる。その出会いを通して、更に幼児の興味や関心が広がり、疑問をもってそれを解決しようと試みる。幼児は、その幼児なりのやり方やペースで繰り返しいろいろなことを体験してみること、その過程自体を楽しみ、その過程を通して友達や教師と関わっていくことの中に幼児の学びがある。このようなことが幼稚園教育の基本として大切であり、小学校以降の教育の基盤となる。幼稚園は、このような基盤を充実させることによって、小学校以降の教育との接続を確かなものとすることができる。

　幼稚園教育において、幼児が小学校に就学するまでに、創造的な思考や主体的な生活態

度などの基礎を培うことが重要である。創造的な思考の基礎として重要なことは、幼児が出会ういろいろな事柄に対して、自分のしたいことが広がっていきながら、たとえうまくできなくても、そのまま諦めてしまうのではなく、更に考え工夫していくことである。うまくできない経験から、「もっとこうしてみよう」といった新たな思いが生まれ、更に工夫し自分の発想を実現できるようにしていく。主体的な態度の基本は、物事に積極的に取り組むことであり、そのことから自分なりに生活をつくっていくことができることである。さらに、自分を向上させていこうとする意欲が生まれることである。それらの基礎が育ってきているか、さらに、それが小学校の生活や学習の基盤へと結び付く方向に向かおうとしているかを捉える必要がある。また、小学校への入学が近づく幼稚園修了の時期には、皆と一緒に教師の話を聞いたり、行動したり、きまりを守ったりすることができるように指導を重ねていくことも大切である。さらに、共に協力して目標を目指すということにおいては、幼児期の教育から見られるものであり、小学校教育へとつながっていくものであることから、幼稚園生活の中で協同して遊ぶ経験を重ねることも大切である。

　一方、小学校においても、幼稚園から小学校への移行を円滑にすることが求められる。低学年は、幼児期の教育を通じて身に付けたことを生かしながら教科等の学びにつながる時期であり、特に、入学当初においては、スタートカリキュラムを編成し、その中で、生活科を中心に合科的・関連的な指導や弾力的な時間割の設定なども行われている。このように、幼稚園と小学校がそれぞれ指導方法を工夫し、幼稚園教育と小学校教育との円滑な接続が図られることが大切である。

（2）小学校教育との接続

> （2）幼稚園教育において育まれた資質・能力を踏まえ、小学校教育が円滑に行われるよう、小学校の教師との意見交換や合同の研究の機会などを設け、「幼児期の終わりまでに育ってほしい姿」を共有するなど連携を図り、幼稚園教育と小学校教育との円滑な接続を図るよう努めるものとする。

　幼稚園では計画的に環境を構成し、遊びを中心とした生活を通して体験を重ね、一人一人に応じた総合的な指導を行っている。一方、小学校では、時間割に基づき、各教科の内容を教科書などの教材を用いて学習している。このように、幼稚園と小学校では、子供の生活や教育方法が異なる。このような生活の変化に子供が対応できるようになっていくことも学びの一つとして捉え、教師は適切な指導を行うことが必要である。

　小学校においては、幼児期の終わりまでに育ってほしい姿を踏まえた指導を工夫することにより、幼児期の教育を通して育まれた資質・能力を踏まえて教育活動を実施し、児童

が主体的に自己を発揮しながら学びに向かうことが可能となるようにすることとされている。

　子供の発達と学びの連続性を確保するためには、「幼児期の終わりまでに育ってほしい姿」を手掛かりに、幼稚園と小学校の教師が共に幼児の成長を共有することを通して、幼児期から児童期への発達の流れを理解することが大切である。すなわち、子供の発達を長期的な視点で捉え、互いの教育内容や指導方法の違いや共通点について理解を深めることが大切である。

　また、幼稚園教育と小学校教育の円滑な接続を図るため、小学校の教師との意見交換や合同の研究会や研修会、保育参観や授業参観などを通じて連携を図るようにすることが大切である。その際、「幼児期の終わりまでに育ってほしい姿」を共有して意見交換を行ったり、事例を持ち寄って話し合ったりすることなどが考えられる。

　例えば、固くてピカピカの泥団子を作りたいという思いをもった幼児は、これまでの経験から、砂場の砂よりも花壇の土を使う方がよいことや、粒の細かい砂をかけて磨いて仕上げることなどを発見しながら、思考力が芽生えていく。園内の様々な場所で砂の性質等に気付き工夫しながら、多様な関わりを楽しむ幼児の姿が見られるようになる。

　このように具体的に見られる「幼児期の終わりまでに育ってほしい姿」を生かして、幼稚園の教師から小学校の教師に幼児の成長や教師の働き掛けの意図を伝えることが、円滑な接続を図る上で大切である。

　さらに、円滑な接続のためには、幼児と児童の交流の機会を設け、連携を図ることが大切である。特に5歳児が小学校就学に向けて自信や期待を高めて、極端な不安を感じないよう、就学前の幼児が小学校の活動に参加するなどの交流活動も意義のある活動である。（第1章 6節 3 学校間の交流や障害のある幼児との活動を共にする機会を参照）

　なお、近年、幼稚園と小学校の連携のみならず、認定こども園や保育所も加えた連携が求められている。幼稚園・認定こども園・保育所・小学校の合同研修、幼稚園教師・保育士・保育教諭・小学校教師の交流、幼稚園・認定こども園・保育所の園児と小学校の児童の交流などを進め、幼児期の教育の成果が小学校につながるようにすることも大切である。

保育所保育指針解説（一部抜粋）

第2章　保育の内容

4 保育の実施に関して留意すべき事項

（2）小学校との連携

> ア　保育所においては、保育所保育が、小学校以降の生活や学習の基盤の育成に
> 　　つながることに配慮し、幼児期にふさわしい生活を通じて、創造的な思考や主
> 　　体的な生活態度などの基礎を培うようにすること。

　保育所においては、第1章の1の（2）に示す保育の目標に基づき、幼児期にふさわしい保育を行う。その保育を通して育まれた資質・能力が小学校以降の生活や学習の基盤ともなる。

　子どもは、保育所から小学校に移行していく中で、突然違った存在になるわけではない。発達や学びは連続しており、保育所から小学校への移行を円滑にする必要がある。しかし、それは、小学校教育の先取りをすることではなく、就学前までの幼児期にふさわしい保育を行うことが最も肝心なことである。つまり、子どもが遊び、生活が充実し、発展することを援助していくことである。

　保育所保育においては、在籍期間の全体を通して、乳幼児期の発達に応じて、いかにして子どもの生きる力の基礎を培うかを考えて、全体的な計画を作成しなければならない。特に、子どもなりに好奇心や探究心をもち、問題を見いだしたり、解決したりする力を育てること、豊かな感性を発揮したりする機会を提供し、それを伸ばしていくことが大切になる。子どもを取り巻く環境は様々なものがあり、そこでいろいろな出会いが可能となる。その出会いを通して、更に子どもの興味や関心が広がり、疑問をもってそれを解決しようと試みる。その子どもなりのやり方やペースで繰り返しいろいろなことを体験してみること、その過程自体を楽しみ、その過程を通して友達や保育士等と関わっていくことの中に子どもの学びがある。このようなことが保育所保育の基本として大切であり、小学校以降の教育の基盤となる。保育所は、このような基盤を充実させることによって、小学校以降の教育との接続を確かなものとすることができる。

　保育所保育において、子どもが小学校に就学するまでに、創造的な思考や主体的な生活態度などの基礎を培うことが重要である。創造的な思考の基礎として重要なことは、子どもが出会ういろいろな事柄に対して、自分のしたいことが広がっていきながら、たとえうまくできなくても、そのまま諦めてしまうのではなく、更に考え工夫していくことである。

資料

うまくできない経験から、「もっとこうしてみよう」といった新たな思いが生まれ、更に工夫し自分の発想を実現できるようにしていく。主体的な態度の基本は、物事に積極的に取り組むことであり、そのことから自分なりに生活をつくっていくことができることである。さらに、自分を向上させていこうとする意欲が生まれることである。それらの基礎が育ってきているか、さらに、それが小学校の生活や学習の基盤へと結び付く方向に向かおうとしているかを捉える必要がある。また、小学校への入学が近づく時期には、皆と一緒に保育士等の話を聞いたり、行動したり、きまりを守ったりすることができるように指導を重ねていくことも大切である。さらに、共に協力して目標を目指すということにおいては、幼児期の保育から見られるものであり、小学校教育へとつながっていくものであることから、保育所の生活の中で協同して遊ぶ経験を重ねることも大切である。

　一方、小学校においても、保育所から小学校への移行を円滑にすることが求められる。低学年は、幼児期の保育を通じて身に付けたことを生かしながら教科等の学びにつながる時期であり、特に、入学当初においては、スタートカリキュラムを編成し、その中で、生活科を中心に合科的・関連的な指導や弾力的な時間割の設定なども行われている。

　このように、保育所と小学校がそれぞれ指導方法を工夫し、保育所保育と小学校教育との円滑な接続が図られることが大切である。

> イ　保育所保育において育まれた資質・能力を踏まえ、小学校教育が円滑に行われるよう、小学校教師との意見交換や合同の研究の機会などを設け、第1章の4の（2）に示す「幼児期の終わりまでに育ってほしい姿」を共有するなど連携を図り、保育所保育と小学校教育との円滑な接続を図るよう努めること。

　保育所では計画的に環境を構成し、遊びを中心とした生活を通して体験を重ね、一人一人に応じた総合的な指導を行っている。一方、小学校では、時間割に基づき、各教科の内容を教科書などの教材を用いて学習している。このように、保育所と小学校では、子どもの生活や教育の方法が異なる。このような生活の変化に子どもが対応できるようになっていくことも学びの一つとして捉え、保育士等は適切な指導を行うことが必要である。

　小学校においては、幼児期の終わりまでに育ってほしい姿を踏まえた指導を工夫することにより、幼児期の保育を通して育まれた資質・能力を踏まえて教育活動を実施し、子どもが主体的に自己を発揮しながら学びに向かうことが可能となるようにすることとされている。

　子どもの発達と学びの連続性を確保するためには、「幼児期の終わりまでに育ってほしい姿」を手がかりに、保育所の保育士等と小学校の教師が共に子どもの成長を共有することを通して、幼児期から児童期への発達の流れを理解することが大切である。すなわち、子どもの発達を長期的な視点で捉え、保育所保育の内容と小学校教育の内容、互いの指導

方法の違いや共通点について理解を深めることが大切である。

　また、保育所保育と小学校教育の円滑な接続を図るため、小学校の教師との意見交換や合同の研究会や研修会、保育参観や授業参観などを通じて連携を図るようにすることが大切である。その際、「幼児期の終わりまでに育ってほしい姿」を共有して意見交換を行ったり、事例を持ち寄って話し合ったりすることなどが考えられる。

　例えば、固くてピカピカの泥団子を作りたいという思いをもった子どもは、これまでの経験から、砂場の砂よりも花壇の土を使う方がよいことや、粒の細かい砂をかけて磨いて仕上げることなどを発見しながら、思考力が芽生えていく。保育所内の様々な場所で砂の性質等に気付き工夫しながら、多様な関わりを楽しむ子どもの姿が見られるようになる。

　このように具体的に見られる「幼児期の終わりまでに育ってほしい姿」を生かして、保育所の保育士等から小学校の教師に子どもの成長や保育士等の働きかけの意図を伝えることが、円滑な接続を図る上で大切である。

　さらに、円滑な接続のためには、保育所と小学校の子ども同士の交流の機会を設け、連携を図ることが大切である。特に卒園を迎える年度の子どもが小学校就学に向けて自信や期待を高めて、極端な不安を感じないよう、就学前の子どもが小学校の活動に参加するなどの交流活動も意義のある活動である。

　なお、近年、保育所と小学校の連携のみならず、幼稚園や認定こども園も加えた連携が求められている。保育所・幼稚園・認定こども園・小学校の合同研修、保育士等・幼稚園教師・保育教諭・小学校教師の交流、保育所・幼稚園・認定こども園の子どもと小学校の子どもの交流などを進め、幼児期の保育の成果が小学校につながるようにすることも大切である。

資料

> ウ　子どもに関する情報共有に関して、保育所に入所している子どもの就学に際し、市町村の支援の下に、子どもの育ちを支えるための資料が保育所から小学校へ送付されるようにすること。

　保育所に入所している全ての子どもについて、保育所から就学先となる小学校へ、子どもの育ちを支える資料を「保育所児童保育要録」（以下「保育要録」という。）として送付する。

　これまで述べてきたように、保育所での子どもの育ちをそれ以降の生活や学びへとつなげていくことは、保育所の重要な役割である。保育所では保育の内容や方法を工夫するとともに、小学校への訪問や教師との話し合いなど顔の見える連携を図りながら、子どもの日々の保育を充実させ、就学への意欲を育てていくことが求められる。

　その上で、保育所の生活を通して一人一人の子どもが育ってきた過程を振り返り、保育における援助の視点や配慮を踏まえ、その育ちの姿を的確に記録することが必要である。

こうした記録を基に、子どもの就学先に送付し、小学校において子どもの理解を助け、育ちを支えるための資料として簡潔にまとめたものが保育要録である。

保育要録は、保育所や子どもの状況などに応じて柔軟に作成し、一人一人の子どものよさや全体像が伝わるよう工夫して記す。また、子どもの最善の利益を考慮し、保育所から小学校へ子どもの可能性を受け渡していくものであると認識することも大切である。

さらに、保護者との信頼関係を基盤として、保護者の思いを踏まえつつ記載するとともに、保育要録の送付については、入所時や懇談会などを通して、保護者に周知しておくことが望ましい。その際、個人情報保護や情報開示のあり方に留意することも必要である。

 幼保連携型認定こども園教育・保育要領解説（一部抜粋）

第1章　総則
第2節　「教育及び保育の内容並びに子育ての支援等に関する全体的な計画」等
1 「教育及び保育の内容並びに子育ての支援等に関する全体的な計画」の作成等
（5）小学校教育との接続に当たっての留意事項

① 小学校以降の生活や学習の基盤の育成

> ア　幼保連携型認定こども園においては、その教育及び保育が、小学校以降の生活や学習の基盤の育成につながることに配慮し、乳幼児期にふさわしい生活を通して、創造的な思考や主体的な生活態度などの基礎を培うようにするものとする。

幼保連携型認定こども園においては、乳幼児期にふさわしい教育及び保育を行うものであり、それが小学校以降の生活や学習の基盤ともなる。小学校においても、生活科や総合的な学習の時間が設けられており、学校教育全体として総合的な指導の重要性が認識されているといえる。

園児は、幼保連携型認定こども園から小学校に移行していく中で、突然違った存在になるわけではない。発達や学びは連続しており、幼保連携型認定こども園から小学校への移行を円滑にする必要がある。しかし、それは、小学校教育の先取りをすることではなく、小学校就学前までの乳幼児期にふさわしい教育及び保育を行うことが最も肝心なことである。つまり、園児が遊び、生活が充実し、発展することを援助していくことである。

学校教育全体では、いかにして子どもの生きる力を育むかを考えて、各学校の教育課程は編成されなければならない。幼保連携型認定こども園における教育及び保育は、乳幼児期の発達に応じて園児の生きる力の基礎を育成するものである。特に、園児なりに好奇心

や探究心をもち、問題を見いだしたり、解決したりする力を育てること、豊かな感性を発揮したりする機会を提供し、それを伸ばしていくことが大切になる。園児を取り巻く環境は様々なものがあり、そこでいろいろな出会いが可能となる。その出会いを通して、更に園児の興味や関心が広がり、疑問をもってそれを解決しようと試みる。園児は、その園児なりのやり方やペースで繰り返しいろいろなことを体験してみること、その過程自体を楽しみ、その過程を通して友達や保育教諭等と関わっていくことの中に園児の学びがある。このようなことが幼保連携型認定こども園における教育及び保育の基本として大切であり、小学校以降の教育の基盤となる。幼保連携型認定こども園は、このような基盤を充実させることによって、小学校以降の教育との接続を確かなものとすることができる。

　幼保連携型認定こども園における教育及び保育において、園児が小学校に就学するまでに、創造的な思考や主体的な生活態度などの基礎を培うことが重要である。創造的な思考の基礎として重要なことは、園児が出会ういろいろな事柄に対して、自分のしたいことが広がっていきながら、たとえうまくできなくても、そのまま諦めてしまうのではなく、更に考え工夫していくことである。うまくできない経験から、「もっとこうしてみよう」といった新たな思いが生まれ、更に工夫し自分の発想を実現できるようにしていく。主体的な態度の基本は、物事に積極的に取り組むことであり、そのことから自分なりに生活をつくっていくことができることである。さらに、自分を向上させていこうとする意欲が生まれることである。それらの基礎が育ってきているか、さらに、それが小学校の生活や学習の基盤へと結び付く方向に向かおうとしているかを捉える必要がある。また、小学校への入学が近づく幼保連携型認定こども園修了の時期には、皆と一緒に保育教諭等の話を聞いたり、行動したり、きまりを守ったりすることができるように指導を重ねていくことも大切である。さらに、共に協力して目標を目指すということにおいては、乳幼児期の教育及び保育から見られるものであり、小学校教育へとつながっていくものであることから、園生活の中で協同して遊ぶ経験を重ねることも大切である。

　一方、小学校においても、幼保連携型認定こども園から小学校への移行を円滑にすることが求められる。低学年は、乳幼児期の教育及び保育を通じて身に付けたことを生かしながら教科等の学びにつながる時期であり、特に、入学当初においては、スタートカリキュラムを編成し、その中で、生活科を中心に合科的・関連的な指導や弾力的な時間割の設定なども行われている。

　このように、幼保連携型認定こども園と小学校がそれぞれ指導方法を工夫し、幼保連携型認定こども園における教育及び保育と小学校教育との円滑な接続が図られることが大切である。

②小学校教育との接続

> イ　幼保連携型認定こども園の教育及び保育において育まれた資質・能力を踏まえ、小学校教育が円滑に行われるよう、小学校の教師との意見交換や合同の研究の機会などを設け、「幼児期の終わりまでに育ってほしい姿」を共有するなど連携を図り、幼保連携型認定こども園における教育及び保育と小学校教育との円滑な接続を図るよう努めるものとする。

　幼保連携型認定こども園では計画的に環境を構成し、遊びを中心とした生活を通して体験を重ね、園児一人一人に応じた総合的な指導を行っている。一方、小学校では、時間割に基づき、各教科の内容を教科書などの教材を用いて学習している。このように、幼保連携型認定こども園と小学校では、子どもの生活や教育方法が異なる。このような生活の変化に子どもが対応できるようになっていくことも学びの一つとして捉え、保育教諭等と小学校の教師は適切な指導を行うことが必要である。

　小学校においては、幼児期の終わりまでに育ってほしい姿を踏まえた指導を工夫することにより、幼児期の教育を通して育まれた資質・能力を踏まえて教育活動を実施し、児童が主体的に自己を発揮しながら学びに向かうことが可能となるようにすることとされている。

　子どもの発達と学びの連続性を確保するためには、「幼児期の終わりまでに育ってほしい姿」を手掛かりに、幼保連携型認定こども園の保育教諭等と小学校の教師が共に園児の成長を共有することを通して、幼児期から児童期への発達の流れを理解することが大切である。すなわち、子どもの発達を長期的な視点で捉え、互いの教育内容や指導方法の違いや共通点について理解を深めることが大切である。

　また、幼保連携型認定こども園における教育及び保育と小学校教育との円滑な接続を図るため、小学校の教師との意見交換や合同の研究会や研修会、教育及び保育の参観や授業参観などを通じて連携を図るようにすることが大切である。その際、「幼児期の終わりまでに育ってほしい姿」を共有して意見交換を行ったり、事例を持ち寄って話し合ったりすることなどが考えられる。

　例えば、固くてピカピカの泥団子を作りたいという思いをもった園児は、これまでの経験から、砂場の砂よりも花壇の土を使う方がよいことや、粒の細かい砂をかけて磨いて仕上げることなどを発見しながら、思考力が芽生えていく。園内の様々な場所で砂の性質等に気付き工夫しながら、多様な関わりを楽しむ園児の姿が見られるようになる。

　このように具体的に見られる「幼児期の終わりまでに育ってほしい姿」を生かして、幼保連携型認定こども園の保育教諭等から小学校の教師に園児の成長や保育教諭等の働き掛けの意図を伝えることが、円滑な接続を図る上で大切である。

さらに、円滑な接続のためには、園児と児童の交流の機会を設け、連携を図ることが大切である。特に5歳児が小学校就学に向けて自信や期待を高めて、極端な不安を感じないよう、就学前の園児が小学校の活動に参加するなどの交流活動も意義のある活動である。（第1章 第2節2（3）指導計画の作成上の留意事項 ⑪学校間の交流や障害のある園児との活動を共にする機会 111頁を参照）

　なお近年は、幼稚園や保育所等と一緒に取り組む交流活動等を含めた連携が求められている。認定こども園・幼稚園・保育所・小学校の合同研修、保育教諭等・幼稚園教師・保育士・小学校教師等の交流、認定こども園・幼稚園・保育所の園児等と小学校の児童との交流などを進め、乳幼児期の教育及び保育の成果が小学校につながるようにすることも大切である。

 **4** **小学校学習指導要領解説　総則編**（一部抜粋）

第3章　教育課程の編成及び実施

第2節　教育課程の編成

4　学習段階等間の接続

（1）幼児期の教育との接続及び低学年における教育全体の充実

> （1）幼児期の終わりまでに育ってほしい姿を踏まえた指導を工夫することにより、幼稚園教育要領等に基づく幼児期の教育を通して育まれた資質・能力を踏まえて教育活動を実施し、児童が主体的に自己を発揮しながら学びに向かうことが可能となるようにすること。
>
> 　また、低学年における教育全体において、例えば生活科において育成する自立し生活を豊かにしていくための資質・能力が、他教科等の学習においても生かされるようにするなど、教科等間の関連を積極的に図り、幼児期の教育及び中学年以降の教育との円滑な接続が図られるよう工夫すること。特に、小学校入学当初においては、幼児期において自発的な活動としての遊びを通して育まれてきたことが、各教科等における学習に円滑に接続されるよう、生活科を中心に、合科的・関連的な指導や弾力的な時間割の設定など、指導の工夫や指導計画の作成を行うこと。

　本項は、幼稚園教育要領や幼保連携型認定こども園教育・保育要領、保育所保育指針（以下「幼稚園教育要領等」という。）に基づく幼児期の教育と小学校教育の円滑な接続の重

要性を示している。

　小学校低学年は、幼児期の教育を通じて身に付けたことを生かしながら教科等の学びにつなぎ、児童の資質・能力を伸ばしていく時期である。幼稚園教育要領等においては、「知識及び技能の基礎」、「思考力、判断力、表現力等の基礎」、「学びに向かう力、人間性等」の三つの柱から構成される資質・能力を一体的に育むように努めることや、幼児期の教育を通して資質・能力が育まれている幼児の具体的な姿を幼児期の終わりまでに育ってほしい姿として示している。

　この幼児期の終わりまでに育ってほしい姿を手掛かりに幼稚園の教師等と子供の成長を共有することを通して、幼児期から児童期への発達の流れを理解することが大切である。

　小学校においては、幼児期の終わりまでに育ってほしい姿を踏まえた指導を工夫することにより児童が主体的に自己を発揮しながら学びに向かい、幼児期の教育を通して育まれた資質・能力を更に伸ばしていくことができるようにすることが重要である。

　その際、低学年における学びの特質を踏まえて、自立し生活を豊かにしていくための資質・能力を育むことを目的としている生活科と各教科等の関連を図るなど、低学年における教育課程全体を見渡して、幼児期の教育及び中学年以降の教育との円滑な接続が図られるように工夫する必要がある。特に、小学校の入学当初においては、幼児期の遊びを通じた総合的な指導を通じて育まれてきたことが、各教科等における学習に円滑に接続されるよう、スタートカリキュラムを児童や学校、地域の実情を踏まえて編成し、その中で、生活科を中心に、合科的・関連的な指導や弾力的な時間割の設定など、指導の工夫や指導計画の作成を行うことが求められる。

　こうした幼児期の終わりまでに育ってほしい姿との関連や、スタートカリキュラムの編成の工夫については、各教科等の章における指導計画の作成と内容の取扱いにおいても示されているところである。

第5節　学校運営上の留意事項

2　家庭や地域社会との連携及び協働と学校間の連携

②　学校相互間の連携や交流

> イ　他の小学校や、幼稚園、認定こども園、保育所、中学校、高等学校、特別支援学校などとの間の連携や交流を図るとともに、障害のある幼児児童生徒との交流及び共同学習の機会を設け、共に尊重し合いながら協働して生活していく態度を育むようにすること。

　学校同士が相互に連携を図り、積極的に交流を深めることによって、学校生活をより豊

かにするとともに、児童の人間関係や経験を広げるなど広い視野に立った適切な教育活動を進めていくことが必要である。その際には、近隣の学校のみならず異なった地域の学校同士において、あるいは同一校種だけでなく異校種間においても、このような幅広い連携や交流が考えられる。

　学校間の連携としては、例えば、同一市区町村等の学校同士が学習指導や生徒指導のための連絡会を設けたり、合同の研究会や研修会を開催したりすることなどが考えられる。その際、幼稚園や認定こども園、保育所、中学校との間で相互に幼児児童生徒の実態や指導の在り方などについて理解を深めることは、それぞれの学校段階の役割の基本を再確認することとなるとともに、広い視野に立って教育活動の改善・充実を図っていく上で極めて有意義であり、幼児児童生徒に対する一貫性のある教育を相互に連携し協力し合って推進するという新たな発想や取組が期待される。

　学校同士の交流としては、例えば、近隣の小学校や幼稚園、認定こども園、保育所、校区の中学校と学校行事、クラブ活動や部活動、自然体験活動、ボランティア活動などを合同で行ったり、自然や社会環境が異なる学校同士が相互に訪問したり、コンピュータや情報通信ネットワークなどを活用して交流したり、特別支援学校などとの交流を図ったりすることなどが考えられる。これらの活動を通じ、学校全体が活性化するとともに、児童が幅広い体験を得、視野を広げることにより、豊かな人間形成を図っていくことが期待される。

　障害者基本法第16条第3項にも規定するとおり、障害のある幼児児童生徒との交流及び共同学習は、児童が障害のある幼児児童生徒とその教育に対する正しい理解と認識を深めるための絶好の機会であり、同じ社会に生きる人間として、お互いを正しく理解し、共に助け合い、支え合って生きていくことの大切さを学ぶ場でもあると考えられる。特別支援学校との交流の内容としては、例えば、学校行事や学習を中心に活動を共にする直接的な交流及び共同学習のほか、文通や作品の交換といった間接的な交流及び共同学習が考えられる。なお、交流及び共同学習の実施に当たっては、双方の学校同士が十分に連絡を取り合い、指導計画に基づく内容や方法を事前に検討し、各学校や障害のある幼児児童生徒一人一人の実態に応じた様々な配慮を行うなどして、組織的に計画的、継続的な交流及び共同学習を実施することが大切である。

　また、特別支援学級の児童との交流及び共同学習は、日常の様々な場面で活動を共にすることが可能であり、双方の児童の教育的ニーズを十分把握し、校内の協力体制を構築し、効果的な活動を設定することなどが大切である。

おわりに

　本書は、文部科学省・厚生労働省・内閣府が示した要録の通知文書をもとにしています。幼稚園教育要領、幼保連携型認定こども園教育・保育要領、保育所保育指針および小学校学習指導要領の改訂によって、要録を書く際には、同じ幼児教育を受けた子どもがその育ちつつある姿を同じ視点で小学校に引き継ぐことが大切であるという認識をもつ必要性が出てきました。

　要録とは、幼稚園および認定こども園では、教育課程の修了証明書です。保育所は、小学校における子どもの育ちを支えるための参考資料として要録を提出します。要録の書式が変わったことに戸惑いを感じておられる保育者は多いと思いますが、要録が小学校への円滑な育ちの移行や学びの接続がかなうためのものであること、小学校の入学時において子ども理解が適切になされ、指導上の参考となるような内容であることについては、これまでと同じです。

　本書は、要録ありきではなく、日常の保育記録から何を読み取り子ども理解とするのか、子どもの活動の変化から育ちの変化に気づく視点を軸としてまとめています。

　事例をもとに、要録を書くのに必要な「5つの領域や3つの資質・能力の柱での保育の振り返り方」「5つの領域と3つの資質・能力の関連性の見つけ方」さらには「『幼児期の終わりまでに育ってほしい姿』を参考にした表現の仕方」等を紹介しています。要録を書く作業は日々の保育の記録をとるところから始まっています。まずは日常の保育記録の取り方から役立ててください。

　なお、実際に要録を書くときには、ほかの子どもと比較するのではなく、教育課程、全体的な計画を振り返り、その子どもが最も伸びたところ、「育ちつつある」ところを書いてほしいと思います。気になるところを小学校側に伝えたくなる現場の思いは理解できますが、保育をしてきた保育者だからこそ理解できる子どもの姿を記録から感じ取り読み取って、伝えていってください。

　本書が子ども理解につながり、みなさまのお役に立てるよう祈念しています。

大方美香

著者紹介　　　〈序章・第1章・第3章〉

神長美津子（かみなが・みつこ）
大阪総合保育大学大学院特任教授

〈第1章・第3章〉

阿部和子（あべ・かずこ）
大阪総合保育大学大学院特任教授

〈第1章・第3章〉

大方美香（おおがた・みか）
大阪総合保育大学大学院教授

〈第1章・第3章・第4章〉

山下文一（やました・ふみひと）
高知学園大学・短期大学学長・教授

執筆協力　　　第1章　深井こども園 …大阪府堺市

　　　　　　　　　　宇都宮大学教育学部附属幼稚園 …栃木県宇都宮市

　　　　　　　　　　社会福祉法人白鷹町社会福祉協議会
　　　　　　　　　　さくらの保育園 …山形県白鷹町

　　　　　　　第3章　宇都宮大学教育学部附属幼稚園 …栃木県宇都宮市

　　　　　　　　　　深井こども園 …大阪府堺市

　　　　　　　　　　認定こども園　若草幼稚園 …高知県高知市

　　　　　　　　　　桶田ゆかり（十文字学園女子大学人間生活学部幼児教育学科教授）

　　　　　　　　　　社会福祉法人白鷹町社会福祉協議会
　　　　　　　　　　さくらの保育園 …山形県白鷹町

　　　　　　　第4章　草場勇介
　　　　　　　　　　（金沢大学人間社会学域学校教育学類附属幼稚園…石川県金沢市）

幼稚園、保育所、認定こども園対応

事例で学ぶ
「要録」の書き方ガイド

2019年6月20日　発行
2024年5月10日　初版第4刷発行

著　者　　神長美津子、阿部和子、大方美香、山下文一
発行者　　荘村明彦
発行所　　中央法規出版株式会社
　　　　　〒110-0016　東京都台東区台東3-29-1　中央法規ビル
　　　　　Tel 03 (6387) 3196
　　　　　https://www.chuohoki.co.jp/

編集　　　　　　　　　株式会社こんぺいとぷらねっと
装幀・本文デザイン　　SPAIS（熊谷昭典　宇江喜桜）
カバーイラスト　　　　妹尾香里
本文イラスト　　　　　種田瑞子
印刷・製本　　　　　　株式会社ルナテック

定価はカバーに表示してあります。
ISBN978-4-8058-5891-2

本書の内容に関する質問については、下記URLから「お問い合わせフォーム」にご入力いただきますようお願いいたします。
https://www.chuohoki.co.jp/contact/